R. Serowy K. Serner

ЧИТАЕМ, СЛУШАЕМ, ОБСУЖДАЕМ

НОВОСТИ

Лексика, конструкции, образцы, задания

Volk und Wissen Verlag GmbH
Berlin 1991

Wir lesen, hören und diskutieren
Nachrichten
(Lexik, Konstruktionen, Muster, Aufgaben)

Autoren:
Reinhold Serowy (Leiter): 1.1.–1.4., 1.9., 2.
Karola Serner: 1.5.–1.8., Anhang

Die Autoren danken den Gutachtern
Prof. Dr. sc. Arnold Scharf, Dr. sc.
Hans-Jürgen Bauer, Dr. Rudolf Berger und
Dr. der philologischen Wissenschaften
Anna Nikolajewna Wassiljewa, den
Konsultanten Dr. Tamilla Selimowna
Alijewa und Dr. Rimma Wassiljewna
Maksimowa, der Fachredaktion des
Verlages sowie allen anderen an der
Entwicklung und Fertigstellung des
Manuskripts Beteiligten.

ISBN 3-06-502218-4

1. Auflage
Ausgabe 1991

Printed in Germany
Gesamtherstellung: Dresdner Druck- und
Verlagshaus GmbH
Redaktion: Irina Goerke
Einband und typographische Gestaltung:
Peter Schulz
Redaktionsschluß: 17. 12. 1990
LSV 0854

	Содержание	Inhalt	Gruppen	Seite

1.	**Мы читаем и слушаем новости**	Wir lesen und hören Nachrichten	1–133	7
1.1.	*Источники и виды информации*	Informationsquellen und -arten	1– 5	7
1.2.	*Время, место и повод событий*	Zeit, Ort und Anlaß von Ereignissen	6– 12	11
1.2.1.	Время	Zeit	6– 7	11
1.2.2.	Место	Ort	8– 9	12
1.2.3.	Повод	Anlaß	10– 11	13
1.3.	*Факт, начало, продолжение и конец событий; участие*	Ausdruck des Stattfindens, des Beginns, der Fortsetzung, des Abschlusses von Ereignissen sowie der Teilnahme	13– 18	15
1.4.	*Новости политической жизни*	Neues aus dem politischen Leben	19– 70	18
1.4.1.	Участники	Beteiligte	19– 27	18
1.4.1.1.	Группы людей, политические деятели	Gruppen, Politiker	19– 23	18
1.4.1.2.	Организации, органы	Organisationen, Organe	24– 26	20
1.4.2.	Содержание событий (основные задачи и проблемы)	Ereignisinhalte (Grundlegende Aufgaben und Probleme)	28– 39	23
1.4.2.1.	Глобальные задачи и проблемы	Globale Aufgaben und Probleme	29– 31	23
1.4.2.2.	Отношения между людьми и нациями	Beziehungen zwischen Menschen und Nationen	32– 34	25
1.4.2.3.	Межгосударственные отношения	Zwischenstaatliche Beziehungen	35– 38	26
1.4.3.	События и их ход	Ereignisse, ihr Verlauf	40– 70	30
1.4.3.1.	Выступления, заявления, призывы	Reden, Erklärungen, Aufrufe	40– 45	30
1.4.3.2.	Заседания, совещания	Sitzungen, Beratungen	46– 49	34
1.4.3.3.	Прибытие и отбытие гостей	Ankunft und Abreise von Gästen	50– 53	37
1.4.3.4.	Встречи, переговоры	Treffen, Verhandlungen	54– 57	40
1.4.3.5.	Пребывание гостей – поездки, посещения	Aufenthalt von Gästen – Reisen, Besuche	58– 60	43
1.4.3.6.	Выборы	Wahlen	61– 65	45
1.4.3.7.	Массовые выступления	Massenaktionen	66– 70	48

1.5.	*Новости социально-экономической жизни*	Neues aus Wirtschaft und sozialem Leben	71– 91	52
1.5.1.	Участники	Beteiligte	71– 73	52
1.5.2.	Основные проблемы – экономические, социальные и экологические	Grundlegende ökonomische, soziale und ökologische Probleme	74– 80	54
1.5.2.1.	Общие проблемы	Allgemeine Probleme	74	54
1.5.2.2.	Экономические проблемы	Ökonomische Probleme	75	55
1.5.2.3.	Социальные проблемы	Soziale Probleme	76– 78	56
1.5.2.4.	Экологические проблемы	Ökologische Probleme	79	58
1.5.3.	Производственный процесс и его результаты	Der Produktionsprozeß und seine Ergebnisse	81– 86	59
1.5.4.	Пуск новых объектов, внедрение современной технологии	Inbetriebnahme neuer Objekte, Einführung moderner Technologie	87– 91	62
1.6.	*Новости культурной жизни*	Neues aus dem kulturellen Leben	92–114	65
1.6.1.	Участники	Beteiligte	92– 98	65
1.6.2.	События	Ereignisse	99–114	67
1.6.2.1.	Открытие выставок, музеев	Eröffnungen von Ausstellungen und Museen	99–103	67
1.6.2.2.	Концерты, премьеры, гастроли	Konzerte, Premieren, Gastspiele	104–108	70
1.6.2.3.	Дни культуры, конкурсы, фестивали	Tage der Kultur, Wettbewerbe, Festivals	109–114	72
1.7.	*Новости спорта*	Neues vom Sport	115–126	75
1.7.1.	Виды спорта и участники соревнований	Sportarten und Wettkampfteilnehmer	115–120	75
1.7.2.	Соревнования, чемпионаты, игры	Wettkämpfe, Meisterschaften, Spiele	121–122	78
1.7.3.	Результаты соревнований	Wettkampfergebnisse	123–124	79
1.8.	*О погоде*	Zum Wetter	127–132	82
1.9.	*Стандартные задания на рецепцию текстов*	Standardaufgaben zur Textrezeption	133	86
2.	**Мы пересказываем и обсуждаем новости**	Wir geben Nachrichten wieder und erörtern sie	134–198	87
2.1.	*Внешняя организация целевого текста*	Die äußere Gliederung des Zieltextes	134–141	87
2.1.1.	Название темы	Nennung des Themas	134–135	87
2.1.2.	Начало текста	Beginn des Textes	136–137	88
2.1.3.	Продолжение текста, переход к новой мысли	Fortsetzung des Textes, Gedankenwechsel	138–139	88
2.1.4.	Заключение текста	Abschluß des Textes	140–141	89
2.2.	*Обращение к слушателям, читателям, собеседникам*	Ansprechen der Hörer, Leser, Gesprächspartner	142–149	90
2.2.1.	Приглашение к совместным размышлениям	Auffordern zu gemeinsamen Überlegungen	142–143	90
2.2.2.	Учёт знаний слушателей, читателей, собеседников	Berücksichtigung des Wissens der Hörer, Leser, Gesprächspartner	144–145	90

2.2.3.	Просьбы к слушателям, собеседникам	Bitten an die Hörer, Gesprächspartner	146–147	91
2.2.4.	Выражение единства позиций	Ausdruck der Gleichheit der Standpunkte	148–149	91
2.3.	*Ссылка на источники информации для целевого текста*	Quellenangabe für den Zieltext	150–151	92
2.4.	*Передача содержания исходных текстов*	Inhaltswiedergabe der Ausgangstexte	152–155	93
2.4.1.	Сигнализация передачи содержания	Ankündigung der Inhaltswiedergabe	152–153	93
2.4.2.	Передача содержания	Inhaltswiedergabe	154–155	94
2.5.	*Выражение мнения*	Meinungsäußerung	156–187	95
2.5.1.	Сигнализация выражения мнения	Ankündigung der Meinungsäußerung	156–157	95
2.5.2.	Высказывание	Unmodifizierte Meinungsäußerung	158–159	96
2.5.3.	Предположение	Vermuten	160–161	96
2.5.4.	Утверждение	Behaupten	162–163	97
2.5.5.	Подчёркивание	Unterstreichen	164–165	98
2.5.6.	Личная оценка	Persönliche Bewertung	166–171	99
2.5.6.1.	Общие конструкции	Allgemeine Konstruktionen	167	100
2.5.6.2.	Лексика положительной оценки	Lexik für eine positive Bewertung	168–169	101
2.5.6.3.	Лексика отрицательной оценки	Lexik für eine negative Bewertung	170–171	102
2.5.7.	Личное отношение	Persönliche Haltung	172–185	104
2.5.7.1.	Отношение »за«, положительное отношение	Pro-Haltung, positive Haltung	172–179	104
2.5.7.2.	Отношение »против«, отрицательное отношение	Kontra-Haltung, negative Haltung	180–185	108
2.5.8.	Отказ от выражения мнения	Ablehnung der Meinungsäußerung	186–187	111
2.6.	*Обоснование мнения*	Begründung der Meinung	188–191	112
2.6.1.	Сигнализация обоснования	Ankündigung der Begründung	189	112
2.6.2.	Общие конструкции	Allgemeine Konstruktionen	190	112
2.6.3.	Основания (аргументы)	Gründe (Argumente)	191	113
2.7.	*Доказывание*	Beweisführung	192–196	114
2.7.1.	Сигнализация доказывания	Ankündigung der Beweisführung	193	114
2.7.2.	Общие конструкции	Allgemeine Konstruktionen	194	115
2.7.3.	Сигнализация и расположение аргументов	Ankündigung und Anordnung der Argumente	195	116
2.7.4.	Выражение очевидности и вескости аргументов	Ausdruck der Offenkundigkeit und Gewichtigkeit der Argumente	196	116

2.8.	*Стандартные задания*	Standardaufgaben	197–198	117
2.8.1.	на репродукцию текстов	zur Textwiedergabe	197	117
2.8.2.	на продукцию текстов	zur Texterzeugung	198	117
3.	**Приложение**	Anhang		
	Алфавитный список заглавных лексем	Alphabetisches Verzeichnis der Stichwörter		119

1. Мы читаем и слушаем новости

1.1. Источники и виды информации

1

сре́дств|а ма́ссовой информа́ции Massenmedien
оте́чественные ~, зарубе́жные ~; ~ на́шей страны́, ~ Сове́тского Сою́за, ~ А́встрии, ~ Герма́нии, ~ Швейца́рии

материа́л|ы Materialien
газе́тные ~, ра́дио-, те́ле-; ~ теку́щей перио́дики, ~ газе́т, ~ ра́дио, ~ телеви́дения; заголо́вки -ов

газе́т|а Zeitung
сего́дняшняя ~, све́жая ~, вчера́шняя ~, у́тренняя ~, вече́рняя ~, влия́тельная ~; зарубе́жные -ы, центра́льные -ы; ~ »Изве́стия« *(Pl.!)*, ~ »Пра́вда«; ~ за *како́е число́*, ~ от *како́го числа́*; све́жий но́мер -ы

журна́л Zeitschrift
еженеде́льный ~ [еженеде́льник], ежеме́сячный ~ [ежеме́сячник], загранúчный ~, иностра́нный ~, же́нский ~, молодёжный ~, обще́ственно-полити́ческий ~; *како́й* но́мер -а за *како́й* [теку́щий, про́шлый] год

вкла́дк|а Beilage
рекла́мно-информацио́нная ~, специа́льная ~

печа́т|ь Presse
сове́тская ~, зарубе́жная ~, иностра́нная ~,

мирова́я ~, парти́йная ~, профсою́зная ~; в зе́ркале -и

(на)печа́тать (ab)drucken
~ в газе́те, ~ в журна́ле, ~ на *како́й* страни́це газе́ты [журна́ла]; ~ материа́лы, ~ сообще́ние, ~ выступле́ние, ~ интервью́, ~ речь; ~ под заголо́вком »...«

помести́ть/помеща́ть
(in der Presse) bringen ↗ **(на)печа́тать**

(о)публикова́ть veröffentlichen
↗ **(на)печа́тать**

распростране́ть/распространя́ть
verbreiten
широко́ ~, ↗ **(на)печа́тать**

ру́брик|а Rubrik
газе́тная ~, журна́льная ~; в -е »...«, под -ой [-ами] »...«

ра́дио Radio
Всесою́зное ~, Моско́вское ~; Всесою́зное ~ передаёт после́дние изве́стия.

радиоста́нци|я Sender
~ »Сою́з«, ~ »Сме́на«; В эфи́ре ~ »...«

телеви́дени|е [ТВ] Fernsehen
сове́тское ~, Центра́льное ~ [ЦТ], Моско́вское ~, столи́чное ~, Ленингра́дское ~; ~ *како́й страны́*; веща́ние -я, програ́мма -я на неде́лю; по пе́рвой програ́мме -я

переда́ть/передава́ть senden, übertragen
~ по ра́дио, ~ по телеви́дению, ~ по пе́рвой [второ́й, тре́тьей ...] програ́мме; ~ обраще́ние, ~ посла́ние; Передаём после́дние изве́стия. Из ... передаю́т, что ... Мы передава́ли после́дние изве́стия [обзо́р печа́ти], чита́ли ди́кторы ...

переда́ч|а Sendung
радио-, теле-; у́тренняя ~, вече́рняя ~, рекла́мная ~; ~ *како́й сту́дии*; ~ по ра́дио, ~ по телеви́дению; ~ информа́ции, ~ новосте́й; програ́мма [обзо́р] переда́ч на неде́лю; (ви́део)за́пись -и, цикл переда́ч

вы́пуск Ausgabe
у́тренний ~, дневно́й ~, вече́рний ~, очередно́й ~; ~ переда́чи, ~ »После́дних изве́стий«; Ведёт сего́дняшний ~ *кто.* Э́тот ~ мы начнём с сообще́ния о ... Сейча́с в на́шем -е рекла́ма. В заключе́ние -а сообще́ние о ...

аге́нтств|о Agentur
информацио́нное ~, телегра́фное ~; ~ печа́ти, ~ печа́ти »Но́вости« [АПН]; Телегра́фное Аге́нтство Сове́тского Сою́за [ТАСС], ~ Ре́йтер, ~ Синьхуа́, ~ Франс Пресс; Как передаёт [сообща́ет] ~ ... По сообще́нию [да́нным, свиде́тельству] -а ... Согла́сно да́нным [све́дениям] -а ...

корреспонде́нт Korrespondent
со́бственный ~ [соб. корр., собко́р], специа́льный ~ [спец. корр., спецко́р]; сове́тские -ы, зарубе́жные -ы, иностра́нные -ы; ~ аге́нтства, ~ газе́ты, ~ журна́ла, ~ ра́дио, ~ телеви́дения; -ы ра́дио и ТАСС [Всесою́зного ра́дио] сообща́ют [передаю́т] ... Наш ~ ... передаёт [сообща́ет] из ... На́ши -ы веду́т репорта́ж из ...

обозрева́тел|ь Berichterstatter
полити́ческий ~, вое́нный ~; ~ газе́ты, ~ »Изве́стий«; ↗ **обзо́р, обозре́ние**

телета́йп Fernschreiber, Telex
У -а со́бственные корреспонде́нты ...

телета́йпн|ый *s. o.*
Из -ого за́ла »Изве́стий«. С -ой ле́нты ТАСС.

сообщи́ть/сообща́ть mitteilen, berichten
~ по ра́дио, ~ по телеви́дению; ~ о *како́м собы́тии*; ~ о том, что ... Все сре́дства ма́ссовой информа́ции сообща́ют о ... »Изве́стия« уже́ сообща́ли,

что … Как мы уже́ сообща́ли, … Как уже́ сообща́лось, … Об э́том сообща́ет газе́та … со ссы́лкой на корреспонде́нтов в …

сообще́ни|е Nachricht, Mitteilung; Bericht
информацио́нное ~, официа́льное ~, прави́тельственное ~, кра́ткое ~, подро́бное ~; ~ корреспонде́нта, ~ печа́ти, ~ ТАСС; ~ под заголо́вком »…«; ~ о *како́м собы́тии*; ~ в газе́те, ~ по ра́дио, ~ по телеви́дению; -я с телета́йпной ле́нты; Из … мы получи́ли ~ о том, что … По после́дним -ям из …, … Перехо́дим к подро́бным -ям. -я по на́шей стране́; -я из-за рубежа́

изве́сти|е Meldung, Nachricht
неожи́данное ~, сенсацио́нное ~, трево́жное ~; после́дние -я; ~ по ра́дио, ~ по телеви́дению; ~ о *чём*; газе́та »Изве́стия« *(Pl.!)*, радиопрогра́мма »После́дние -я«

заме́тк|а Kurznachricht, Notiz
газе́тная ~, информацио́нная ~, хроника́льная ~, коро́ткая ~, междунаро́дная ~; ~ о *чём*

(про)информи́ровать informieren
~ о собы́тиях в …; ~ о том, что …

информа́ци|я Information(en)
актуа́льная ~, кра́ткая ~, газе́тная ~, зарубе́жная ~, междунаро́дная ~; ~ о *чём*; ~ из-за рубежа́; исто́чник -и, слу́жба -и; ~ на экономи́ческую те́му; Перехо́дим к -и из-за рубежа́. Сно́ва [Вновь] ~ по на́шей стране́.

но́вост|и (*Sg.* но́вость) neueste Nachrichten, Neues
гла́вные ~, важне́йшие ~, вече́рние ~, после́дние ~, све́жие ~, полити́ческие ~, экономи́ческие ~, биржевы́е ~, культу́рные ~; ~ полити́ческой [экономи́ческой, культу́рной] жи́зни, ~ дня, ~ неде́ли; панора́ма -е́й; телепрогра́мма »Но́вости«, газе́та »Моско́вские Но́вости«; Из -е́й экономи́ческой жи́зни. А сейча́с о -я́х культу́ры.

обзо́р -schau, Übersicht
междунаро́дный ~; ~ (центра́льных) газе́т, ~ (междунаро́дной) информа́ции, ~ материа́лов газе́ты …, ~ печа́ти, ~ пи́сем; В эфи́ре ~ центра́льных газе́т.

обозре́ни|е Rundschau
газе́тное ~, журна́льное ~, ежеме́сячное ~, еженеде́льное ~, междунаро́дное ~, полити́ческое ~, культу́рное ~; ~ газе́ты, ~ журна́ла; сде́лать ~, соста́вить ~, вы́ступить с -ем

3

затро́нуть/затра́гивать berühren
обрати́ть/обраща́ть внима́ние Aufmerksamkeit lenken
отме́тить/отмеча́ть hervorheben, bemerken
подчеркну́ть/подчёркивать unterstreichen, betonen
рассмотре́ть/рассма́тривать behandeln
указа́ть/ука́зывать hinweisen

1)	
(Мы) передаём	после́дние изве́стия.
Предлага́ем ва́шему внима́нию	обзо́р (центра́льных) газе́т.
	радиореклáму.
Вы слу́шаете	»Экономи́ческий ве́стник«.

2)			
		информи́рует	
		сообща́ет	о *чём.*
	Газе́та …	пи́шет	(о том), что …
	Журна́л …	печа́тает	
	»Но́вое вре́мя«	помеща́ет	
		публику́ет	*что.*
		распространя́ет	

3)			
		информи́руется	
		сообща́ется	о *чём.*
	В газе́те …	пи́шется	(о том), что …
	В »Пра́вде«	печа́тается	
	В журна́ле …	помеща́ется	
		публику́ется	*что.*
		распространя́ется	

4)			
		констати́ровано/констати́руется	*что.*
		отме́чено/отмеча́ется	, что …
	В материа́лах …	подчёркнуто/подчёркивается	
	В газе́те …	затро́нуто/затра́гивается	*что.*
	В репорта́же	рассмо́трено/рассма́тривается	
		обращено́/обраща́ется внима́ние	на *что.*
		ука́зано/ука́зывается	на то, что …

5)				
	Констати́руя			
	Отмеча́я			
	Подчёркивая	*что,*	газе́та …	
	Затра́гивая		»Вече́рний Ленингра́д«	пи́шет: …
	Рассма́тривая		журна́л	
	Обраща́я внима́ние	на *что,*		
	Ука́зывая			

Задания

а) Какие советские газеты и журналы вы знаете?

б) Какие газетные рубрики, радио- и телепередачи вы можете назвать?

в) Какие рубрики и передачи содержат информацию о последних событиях?

г) Переведите, обращая особое внимание на пассивные конструкции.
- В сего́дняшних номера́х газе́т печа́таются выступле́ния уча́стников…
- В пре́ссе публику́ется сообще́ние о том, что …
- Мно́гие материа́лы посвящены́ се́ссии Верхо́вного Сове́та.
- »…« – так озагла́влена сего́дняшняя передова́я статья́ газе́ты …

д) Переведите, обращая особое внимание на деепричастные обороты.
- Расска́зывая об э́той встре́че, печа́ть в то же вре́мя отмеча́ет, что …
- Коммента́руя это собы́тие, »Моско́вские Но́вости« подчёркивают, что …
- Продолжа́я э́ту те́му, обрати́мся к материа́лам »Изве́стий«.

1.2. Время, место и повод событий

Заметки по поводу нового французского бюджета

В 10 часов утра в Большом Кремлевском дворце состоялось первое совместное заседание **Совета Союза и Совета Национальности**

На земле Белоруссии

Суббота, 1 сентября

В Москве
В Крыму
На Украине

В Ленинграде
На Черноморском побережье

перед закрытием

БЕЛЬГИЯ | СССР | БОЛГАРИЯ | ЧИЛИ | МОНГОЛИЯ | Финляндия | КУБА

Гондурас | ФРГ | Россия | ОСЛО | Япония | АВСТРИЯ | Франция

НИКАРАГУА | США | Швеция | ПАРИЖ | ПОРТУГАЛИЯ | ЛИССАБОН | ЭФИОПИЯ

В СООТВЕТСТВИИ С ПРОГРАММОЙ

Для участия в юбилейных мероприятиях по случаю 150-летия независимости Великого Герцогства Люксембург Председатель Совета Министров СССР

Встреча в парламенте

Торжественное собрание, посвященное Дню химика, состоялось 29 мая в Москве в Кремлевском Дворце съездов.

В Совете Министров СССР

1.2.1. Время

6

накану́не am Vorabend
полови́н|а дня Tageshälfte
удо́бн|ое вре́м|я günstige Zeit

7

1) Во вто́рник / В сре́ду / Тре́тьего ма́я | *начало́сь …*

2) Сего́дня / Сейча́с / В э́ти мину́ты | *открыва́ется …*

3) Сего́дня же / В тот [э́тот] же день / На друго́й день / Во второ́й полови́не дня | *он посети́л …*

4) Накану́не / В нача́ле / Во вре́мя / В хо́де / По оконча́нии | *перегово́ров …*

5) С | пе́рвого / двена́дцатого / двадцать седьмо́го | по тридца́тое ноября́ *проходи́ло …*

6)

Он[á] посети́т на́шу страну́	в нача́ле в середи́не в конце́	января́ [февраля́ …].
	в ближа́йшее вре́мя. в удо́бное для него́ [неё] вре́мя.	

7)

В э́том	ме́сяце кварта́ле полуго́дии году́	*уху́дшилось хозя́йственное положе́ние …*

1.2.2. Место

вы́ставочн|ый Ausstellungs-
гости́н|ая Salon
дворе́ц Palast
мастерск|а́я Werkstatt
пала́т|а Kammer
предприя́ти|е Betrieb
хозя́йств|о Wirtschaft
цех Werkabteilung
ша́хт|а Schacht, Grube

9

1)

В	Австра́лии, А́встрии Ве́нгрии, Гре́ции Испа́нии, Шве́ции Швейца́рии, Никара́гуа Перу́, Чи́ли земле́ Ге́ссен	*начало́сь …*

2)

В	Афи́нах, Ве́не Жене́ве, Пари́же Ри́ме, Коло́мбо Мана́гуа, Мапу́то Ме́хико, То́кио	*зако́нчилось…*

3)

На	Ки́пре Ку́бе Филиппи́нах Яма́йке	*прово́дится …*

4)

Во	Влади́мирском за́ле Гео́ргиевском за́ле	Большо́го Кремлёвского дворца́	*состоя́лось …*
В	Большо́м Кремлёвском дворце́ Кремлёвском Дворце́ съе́здов за́ле заседа́ний пала́т Верхо́вного Сове́та Госуда́рственном центра́льном конце́ртном за́ле Центра́льном вы́ставочном за́ле		

5)

В	колхо́зе, кооперати́ве крестья́нском хозя́йстве мастерско́й, совхо́зе це́хе [цеху́]	*реши́ли …*

6)

На	заво́де, фа́брике предприя́тии, стро́йке, фе́рме ша́хте	*бы́ло проведено́…*

7)

В аэропорту́ На аэродро́ме	*делега́цию встреча́ли …*

1.2.3. Повод

в соотве́тствии in Übereinstimmung
в честь zu Ehren
договорённост|ь Vereinbarung
по по́воду anläßlich
по слу́чаю anläßlich
посвяти́ть/посвяща́ть widmen
приглаше́ни|е Einladung

11

1)

По по́воду По слу́чаю	*пра́здника …*

2)

По инициати́ве По приглаше́нию	*прави́тельства …*

3)

В связи́ В соотве́тствии	с *договорённостью…*

4)

В честь	*высо́кого го́стя …* *пра́здника …* *юбиле́я …*

5)

Ве́чер, *Ме́сячник,* *Конце́рт,*	посвящённый	*па́мяти …* *столе́тию со дня …*

6) В ра́мках *подгото́вки к …*

7)

Он при́был	для *уча́стия в …* , что́бы *приня́ть уча́стие в …*

Задания

а) Запомните, что дата выражается родительным падежом без предлога. Придумайте предложения с указанием даты.

б) Используя предлоги *с* и *по*, скажите, когда проходила конференция.
28/II–4/III; 26/IX–2/X; 14/I–25/I
■ Конфере́нция проходи́ла с пя́того по двадца́тое ию́ня.

в) Запомните правильное произношение следующих сокращений.
Образуйте и произнесите с ними несколько предложений.
США [сэ – шэ – а́ или сша]; ФРГ [фэ – эр – гэ́]

г) Укажите немецкие эквиваленты приведённых выше названий стран и городов ↗ 9.

д) Найдите к приведённым выше названиям стран и городов ↗ 9 соответствующие прилагательные. Употребите прилагательные с существительными *го́род* и *при́город*.
■ В бельги́йском го́роде ... В берли́нском при́городе ...

е) Применяя названия стран и городов ↗ 9, скажите, откуда и куда прибыла делегация.
■ Из Финля́ндии в Сове́тский Сою́з прибыла́ делега́ция ...
■ Из Ло́ндона в Ленингра́д прибыла́ делега́ция ...

ж) Объясните особенности в склонении нерусских названий городов.
– Недалеко́ от Ле́йпцига, от За́льцбурга, от Цю́риха ...
– Прогу́лка по Бад-Го́десбергу, по Бад-И́шлю, по Санкт-Га́ллену ...
– Он посети́л Йе́ну, Ве́ну, Лоза́нну...
– Знако́мство с Га́лле, с Вальсро́де, с Варнемю́нде ...
– Она́ побыва́ла в Цви́ккау, в Што́ккерау, в А́рау...

з) Обратите внимание на перевод и написание названий земе́ль ФРГ и А́встрии.
Бава́рия, Ба́ден-Вю́ртемберг, Берли́н, Бра́нденбург, Бре́мен, Га́мбург, Ге́ссен, Ме́кленбург-Предпомера́ния, Ни́жняя Саксо́ния, Ре́йнланд-Пфальц, Саар, Саксо́ния, Саксо́ния-А́нхальт, Се́верный Рейн-Вестфа́лия, Тюри́нгия, Шле́звиг-Го́льштейн;
Бу́ргенланд, Ве́на, Ве́рхняя А́встрия, За́льцбург, Кари́нтия, Ни́жняя А́встрия, Тиро́ль, Фо́рарльберг, Шти́рия

1.3. Факт, начало, продолжение и конец событий; участие

Визит завершен

Отъезд из Москвы
4 октября из Москвы в

ПРОДОЛЖЕНИЕ РАЗГОВОРА

Состоялись консультации

Фестиваль завершился, фестиваль продолжается

Комиссии приступают к работе

13

собы́ти|е Ereignis
большо́е ~, выдаю́щееся ~, гла́вное ~, знамена́тельное ~; междунаро́дные -я; -я дня́, -я неде́ли, -я вну́тренней и междунаро́дной жи́зни; панора́ма -й, ход -й, следи́ть за -ями

состоя́ться *(v.)* stattfinden
... состоя́лось [состо́ится *(Fut.)*] *что (Nom.)*

провести́/проводи́ть durchführen
~ заседа́ние, ~ »кру́глый стол«, ~ фестива́ль; ... бы́ло проведено́ [прово́дится, бу́дет проведено́] *что (Nom.)*

проведе́ни|е Durchführung
~ встре́чи, ~ ко́нкурса, ~ совеща́ния

пройти́/проходи́ть verlaufen
... прошло́ [прохо́дит, пройдёт] *что (Nom.)*; ~ в ду́хе взаимопонима́ния, ~ в ду́хе сотру́дничества, ~ в обстано́вке взаи́много дове́рия; ~ под председа́тельством *кого́*

14

нача́ть/начина́ть, на́чал, -а́, -о, -и
beginnen *(transitiv)*
... на́чало [начина́ет, начнёт] (свою́) рабо́ту *что (Nom.)*; ~ с отчёта, ~ слова́ми благода́рности

нача́ться/начина́ться, начался́, -ла́сь, -ло́сь, -ли́сь
beginnen *(intransitiv)*
... начало́сь [начина́ется, начнётся] *что (Nom.)*; ~ с выступле́ния, ~ выступле́нием

нача́л|о Beginn
многообеща́ющее ~, успе́шное ~; ~ перегово́ров, ~ спекта́кля

откры́ть/открыва́ть eröffnen
торже́ственно ~; ... бы́ло откры́то [открыва́ется, бу́дет откры́то] *что (Nom.)*; ~ вы́ставку, ~ ми́тинг, ~ се́ссию; ~ приве́тственным сло́вом

откры́ться/открыва́ться eröffnet werden
... откры́лось [открыва́ется, откро́ется] *что (Nom.)*

откры́ти|е Eröffnung, Einweihung
официа́льное ~, торже́ственное ~; состоя́лось [состои́тся *(Fut.)*] ~ *чего́*

возобнови́ть/возобновля́ть wiederaufnehmen
~ заседа́ние, ~ пре́ния, ~ рабо́ту; ... возобнови́ло [возобновля́ет, возобнови́т] (свою́) рабо́ту *что (Nom.)*

возобнови́ться/возобновля́ться wiederaufgenommen werden
... возобнови́лось [возобновля́ется, возобнови́тся] *что (Nom.)*

возобновле́ни|е Wiederaufnahme
~ заседа́ния, ~ пре́ний, ~ рабо́ты

продо́лжить/продолжа́ть fortsetzen
~ гастро́ли, ~ забасто́вку, ~ строи́тельство; ... продо́лжило [продолжа́ет, продо́лжит] (свою) рабо́ту *что (Nom.)*

продолжа́ться *uv.* fortgesetzt werden
... продолжа́ется *что (Nom.)*

продолже́ни|е Fortsetzung
~ бесе́ды, ~ перегово́ров, ~ ре́чи

заверши́ть/заверша́ть beenden
~ визи́т, ~ сев, ~ гастро́ли; ... заверши́ло [заверша́ет, заверши́т] (свою́) рабо́ту *что (Nom.)*; на э́том ~ *(uv.)*

заверши́ться/заверша́ться abgeschlossen werden
... заверши́лось [заверша́ется, заверши́тся] *что (Nom.)*; на э́том ~

заверше́ни|е Abschluß
благополу́чное ~, успе́шное ~; ~ встре́чи, ~ перегово́ров

зако́нчить/зака́нчивать beenden
~ докла́д, ~ ремо́нт, ~ строи́тельство; ... зако́нчило [зака́нчивает, зако́нчит] (свою) рабо́ту *что (Nom.);* ~ призы́вом, ~ слова́ми благода́рности; на э́том ~

зако́нчиться/зака́нчиваться zu Ende gehen
благополу́чно ~, во́время ~; ... зако́нчилось [зака́нчивается, зако́нчится] *что (Nom.);* ~ призы́вом, ~ слова́ми благода́рности

оконча́ни|е Beendigung
благополу́чное ~, успе́шное ~; ~ войны́, ~ кинофестива́ля, ~ убо́рки урожа́я; по́сле -я, по -и

закры́ть/закрыва́ть schließen
торже́ственно ~; ~ собра́ние, ~ совеща́ние, ~ съезд

закры́ться/закрыва́ться abgeschlossen werden
~ торже́ственно; ... закры́лось [закрыва́ется, закро́ется] *что (Nom.)*

закры́ти|е Abschluß
торже́ственное ~; ~ конфере́нции, ~ се́ссии, ~ собра́ния

приня́ть/принима́ть уча́стие в *чём* teilnehmen
~ в вы́борах, ~ в конце́рте, ~ в соревнова́нии; ~ с сове́тской стороны́ – ..., с америка́нской стороны́ – ...

уча́ствовать *v. und uv.* teilnehmen
~ в *чём, s. o.*

прису́тствовать *uv.* anwesend sein
~ на бесе́де, ~ на встре́че, ~ на конце́рте

Задания

а) Запомните, что *stattfinden* в настоящем времени часто передаётся глаголом *идти́.* Составьте предложения по образцу.
■ В Москве́ состоя́лась [идёт, состои́тся] конфере́нция ...

б) Обратите внимание на подвижное ударение в словоформах прошедшего времени глаголов *нача́ть, нача́ться* и *приня́ть.* С каждым глаголом произнесите вслух несколько предложений, учитывая все формы прошедшего времени.

в) Объясните, почему глагол *состоя́ться* не может выражать действий и событий в настоящем времени.

г) Объясните, почему глагол *прису́тствовать* является одновидовым глаголом несовершенного вида. Исходите из лексического значения этого глагола.

д) С глаголами *уча́ствовать* и *прису́тствовать* составьте предложения, обращая особое внимание на их управление.

1.4. Новости политической жизни

1.4.1. Участники

1.4.1.1. Группы людей, политические деятели

19

сообществ|о Gemeinschaft
междунаро́дное ~, мирово́е ~, Европе́йское ~

обще́ственност|ь Öffentlichkeit
зарубе́жная ~, мирова́я ~, широ́кая ~

наро́д Volk
ру́сский ~, неме́цкий ~;
ма́лые -ы; -ы Евро́пы, -ы Росси́и, -ы Сове́тского Сою́за, -ы (всего́) ми́ра

населе́ни|е Bevölkerung
городско́е ~, коренно́е ~, ме́стное ~, ми́рное ~; ~ го́рода, ~ райо́на, ~ страны́

толп|а́ Menge
больша́я ~, грома́дная ~, огро́мная ~;
~ люде́й, ~ наро́да, ~ студе́нтов

лю́д|и *(Sg.* челове́к) Menschen
сове́тские ~; ~ до́брой во́ли, ~ всего́ ми́ра, ~ ра́зных взгля́дов [убежде́нний, профе́ссий]

жи́тел|и *(Sg.* жи́тель) Einwohner
городски́е ~, се́льские ~, столи́чные ~, коренны́е ~, ме́стные ~, ми́рные ~;
~ го́рода ..., ~ Москвы́

круг|и́ *(Sg.* круг) Kreise
влия́тельные ~, деловы́е ~, пра́вящие ~, широ́кие ~; ~ населе́ния, ~ обще́ственности

20

представи́тел|ь Vertreter
торго́вый ~; ~ фи́рмы; -и ... наро́да, -и обще́ственности, -и трудя́щихся

де́ятел|ь Persönlichkeit
ви́дный ~, выдаю́щийся ~; ~ иску́сств, ~ культу́ры, ~ нау́ки, ~ в о́бласти *чего́*

рабо́тник Beschäftigter, Mitarbeiter
отве́тственный ~; руководя́щие -и; -и иску́сств, -и культу́ры

сотру́дник Mitarbeiter
нау́чный ~; ближа́йшие -и; ~ комите́та, ~ посо́льства

уча́стник Teilnehmer
акти́вный ~, непосре́дственный ~; ~ войны́, ~ движе́ния *чего́*, ~ демонстра́ции, ~ ми́тинга, ~ совеща́ния, ~ съе́зда, -и перегово́ров

кандида́т Kandidat
досто́йный ~; ~ в депута́ты, ~ в президе́нты [на пост президе́нта], ~ от *како́й па́ртии*, ~ от *како́й организа́ции*

делега́т Delegierter
венге́рский ~, швейца́рский ~; ~ конфере́нции, ~ съе́зда; ~ в Организа́ции Объединённых На́ций [ООН]; ~ от *како́й организа́ции*, ~ *како́й страны́*; ~ с пра́вом реша́ющего [совеща́тельного] го́лоса

депута́т Abgeordneter, Deputierter
наро́дный ~; ~ городско́го [райо́нного, областно́го] Сове́та, ~ *како́го парла́мента*; ~ от *како́го го́рода*, ~ от *како́го райо́на*, ~ от *како́й о́бласти*

сове́тник Berater
вое́нный ~, торго́вый ~; ~ посо́льства, ~ по экономи́ческим вопро́сам

член Mitglied
(не)постоя́нный ~, почётный ~; ~ бюро́, ~ комите́та, ~ прави́тельства, ~ делега́ции; госуда́рство- ~, страна́- ~

руководи́тел|ь Leiter, Führer
бы́вший ~, но́вый ~, о́пытный ~, парти́йные -и, хозя́йственные -и; ~ восста́ния, ~ делега́ции, ~ отде́ла, ~ прави́тельства

ли́дер Führer
духо́вный ~, профсою́зный ~; ~ оппози́ции, ~ па́ртии, ~ фра́кции, ~ в сена́те

председа́тел|ь Vorsitzender
бы́вший ~, но́вый ~, о́пытный ~, почётный ~; ~ па́ртии, ~ сельсове́та, ~ горсове́та, ~ райсове́та, Председа́тель Сове́та Мини́стров, ~ *како́й* коми́ссии, ~ *како́го* комите́та

замести́тел|ь Stellvertreter
пе́рвый ~; ~ дире́ктора, ~ заве́дующего, ~ нача́льника, ~ председа́теля; ~ по хозя́йственной ча́сти

организа́тор Organisator
парти́йный ~ [парторг], профсою́зный ~ [профорг]; -ы ми́тинга

секрета́р|ь Sekretär
пе́рвый ~; Генера́льный ~ *како́го* комите́та, ~ *како́й* организа́ции

глав|а́ Oberhaupt, Leiter, Chef
пре́жний ~, факти́ческий ~; ~ госуда́рства, ~ прави́тельства, ~ Бе́лого До́ма, ~ це́ркви, ~ делега́ции

президе́нт Präsident
бы́вший ~, федера́льный ~ (Bundespräsident); ~ респу́блики, ~ Сове́тского Сою́за, ~ США, ~ Фра́нции

премьѐр-мини́стр Premierminister, Ministerpräsident
бы́вший ~, пре́жний ~, но́вый ~; ~ Великобрита́нии, ~ Да́нии, ~ Шве́ции, ~ земли́ Се́верный Рейн-Вестфа́лия

мини́стр Minister
~ иностра́нных дел, ~ культу́ры

посо́л Botschafter
Чрезвыча́йный и Полномо́чный Посо́л; ~ Сове́тского Сою́за в По́льше

коро́л|ь König
~ Бе́льгии, ~ Да́нии, ~ Норве́гии, ~ Шве́ции

королéв|а Königin
~ Áнглии, ~ Нидерлáндов

мэр Bürgermeister
~ Москвы́, ~ Пари́жа, ~ гóрода …

пáп|а Papst
~ ри́мский; главá ри́мско-католи́ческой цéркви, пáпа …

22

гост|ь Gast
высóкий ~, дорогóй ~; зарубéжные -и; -и съéзда; ~ из Вéнгрии, -и с Кýбы

гóсть|я Gast *(weibl.)*
высóкая ~, дорогáя ~; ~ из Дáнии, ~ с Филиппи́н

делегáци|я Delegation, Abordnung
парлáментская ~, госудáрственная ~, прави́тельственная ~, торгóвая ~; ~ во главé с *кем*; ~, возглавля́емая *кем*

встречáвш|ие die zur Begrüßung Erschienenen

провожáвш|ие die zur Verabschiedung Erschienenen

сопровождáющ|ие ли́ц|а begleitende Persönlichkeiten

супрýг|а Gattin

господи́н (*Pl.* господá) Herr
Дáмы и господá!

госпож|á Frau …

выступáющ|ий Redner

доклáдчик Referent

орáтор Redner

собесéдник Gesprächspartner

сторон|á Seite
совéтская ~; Высóкие договáривающиеся Стóроны, óбе стóроны

1.4.1.2. Организации, органы

организáци|я Organisation
мáссовая ~, общéственная ~, благотвори́тельная ~; ~ жéнщин, ~ молодёжи, ~ **кинорабóтников, Организáция** Объединённых Нáций [ООН], Организáция Объединённых Нáций по вопрóсам образовáния, наýки и культýры [ЮНÉСКО], Организáция Сéверо-атланти́ческого договóра [НÁТО], Организáция стран-экспортёров нéфти [ОПÉК]; Всеми́рная Организáция здравоохранéния [ВОЗ]

пáрти|я Partei
мáссовая ~, прави́тельственная ~, прáвящая ~, рабóчая ~; Коммунисти́ческая ~ … [КП …], Либерáльно-демократи́ческая ~ … [ЛДП …], Социалисти́ческая ~ … [СП …], Социáл-демократи́ческая ~ … [СДП …], ~ »зелёных«, ~ либерáлов, ~ радикáлов, ~ социáл-демокрáтов

движéни|е Bewegung
всеми́рное ~, всенарóдное ~, граждáнское ~, национáльное ~, общéственное ~, религиóзное ~; ~ экологи́стов, ~ общéственности, ~ сторóнников *чегó*, Движéние неприсоединéния; ~ в защи́ту *когó/чегó*, ~ в поддéржку *когó/чегó*, ~ за *что*, ~ прóтив *чегó*

объединéни|е Vereinigung
(не)официáльное ~, неформáльное ~; ~ предпринимáтелей, ~ профсоюзов

о́бществ|о Gesellschaft
акционе́рное ~, театра́льное ~; ~ дру́жбы, ~ друзе́й *чего́*, ~ защи́ты *кого́/чего́*, ~ охра́ны приро́ды, ~ по изуче́нию *чего́*; О́бщество Кра́сного Креста́ [Кра́сный Крест]

фонд Fonds
Сове́тский благотвори́тельный ~ »Многоде́тная семья́« [СБФМС], Сове́тский ~ ми́ра [СФМ], Чрезвыча́йный ~ по́мощи де́тям при Организа́ции Объединённых на́ций [ЮНИСЕ́Ф]

содру́жеств|о Gemeinschaft
те́сное ~; ~ всех миролюби́вых наро́дов

сою́з Bündnis, Bund, Union
вое́нный ~, дру́жественный ~, оборони́тельный ~; Христиа́нско-демократи́ческий ~ [ХДС – CDU]; Христиа́нско-социа́льный ~ [ХСС – CSU]; Сою́з сове́тских о́бществ дру́жбы и культу́рной свя́зи с зарубе́жными стра́нами, сою́з о́бществ Кра́сного Креста́ и Кра́сного Полуме́сяца

це́рков|ь Kirche
христиа́нская ~, евангели́ческая [евангели́стская] ~, лютера́нская ~, протеста́нтская ~, ри́мско- католи́ческая ~, Ру́сская правосла́вная ~

о́бщи́н|а Gemeinde, Gemeinschaft
религио́зная ~, евре́йская ~, церко́вная ~

25

о́рган Organ
законода́тельный ~, исполни́тельный ~, междунаро́дный ~; правоохрани́тельные -ы, суде́бные -ы; -ы вла́сти, -ы госуда́рственной безопа́сности, -ы мили́ции, -ы прокурату́ры, -ы правосу́дия

учрежде́ни|е Behörde, Dienststelle
госуда́рственное ~, прави́тельственное ~, культу́рно-просвети́тельное ~; де́тские -я

ве́домств|о Behörde, Amt
суде́бное ~, тамо́женное ~; центра́льные -а

вла́ст|и Organe, Behörden
муниципа́льные ~, полице́йские ~, суде́бные ~, городски́е ~, ме́стные ~, церко́вные ~; ~ го́рода

ассамбле́|я Vollversammlung
всеми́рная ~, Генера́льная Ассамбле́я ООН; Ассамбле́я гра́ждан ми́ра, Парла́ментская ассамбле́я Сове́та Евро́пы [ПАСЕ]

бюро́ Büro, Leitung
всесою́зное ~, междунаро́дное ~; Бюро́ междунаро́дных вы́ставок

коми́сси|я Kommission
всесою́зная ~, госуда́рственная ~, избира́тельная ~, междунаро́дная ~, межправи́тельственная ~, постоя́нная ~; Коми́ссия ООН по права́м челове́ка, Коми́ссия по разоруже́нию

комите́т Komitee
благотвори́тельный ~ в по́льзу *кого́/чего́*, исполни́тельный ~ [исполко́м] подготови́тельный ~; ~ ветера́нов войны́, Комите́т конституцио́нного надзо́ра, Комите́т ООН по ликвида́ции ра́совой дискримина́ции; Междунаро́дный Олимпи́йский комите́т [МОК]

отде́л Abteilung
гла́вный ~, междунаро́дный ~, осо́бый ~, хозя́йственный ~

правле́ни|е Vorstand
~ ассоциа́ции, ~ па́ртии, ~ профсою́зов

парла́мент Parlament
однопала́тный ~, двухпала́тный ~; Всеми́рный ~ наро́дов за мир, Европе́йский ~

съезд Kongreß
всесою́зный ~, очередно́й ~,
чрезвыча́йный ~, парти́йный ~;
Съезд наро́дных депута́тов СССР,
~ профсою́зов, ~ учителе́й

сове́т Sowjet, Rat
Верхо́вный Сове́т СССР, Всеми́рный
Сове́т церкве́й; Сове́т безопа́сности ООН,
Сове́т Мини́стров [Совми́н],
Сове́т наро́дных депута́тов, Сове́т
Федера́ции

пала́т|а Kammer, -haus
~ ло́рдов, ~ о́бщин

прави́тельств|о Regierung
вре́менное ~, земе́льное ~, коали-
цио́нное ~, сове́тское ~; ~ А́встрии;
-а сою́зных и автоно́мных респу́блик

министе́рств|о Ministerium
Министе́рство вне́шних экономи́ческих
свя́зей, Министе́рство вну́тренних дел
[МВД], Министе́рство иностра́нных дел
[МИД]

исполко́м [исполни́тельный комите́т]
Exekutivkomitee, Vollzugsausschuß
~ Сове́та наро́дных депута́тов; -ы
ме́стных Сове́тов наро́дных депута́тов

посо́льств|о Botschaft
Посо́льство СССР в *како́й стране́*

представи́тельств|о Vertretung
постоя́нное ~, торго́вое ~; Торго́вое
~ СССР в *како́й стране́*

Центра́льн|ый Комите́т [ЦК]
Zentralkomitee
~ *како́й па́ртии*

Политбюро́ Politbüro
~ ЦК *како́й па́ртии*

Задания

а) Запомните смысловую разницу следующих слов. Составьте предложения.
председа́тель, замести́тель, представи́тель

б) Приведите синонимы к следующим словам.
жи́тели, мэр, премье́р-мини́стр, руководи́тель, сотру́дник

в) Обратите особое внимание на ударение и редукцию гласных в следующих словах и словоформах.
выступа́ющий, глава́, де́ятель, круги́, о́рган, официа́льные ли́ца, секретаря́ [-ём], парла́мент

г) Найдите к следующим названиям стран соответствующие названия народов.
А́встрия, А́нглия, Болга́рия, Ве́нгрия, Герма́ния, Гре́ция, Да́ния, Испа́ния, Ку́ба, Росси́я, Румы́ния, Швейца́рия, Шве́ция, Япо́ния
■ По́льша – по́льский наро́д, поля́ки

д) Как называют жителей Москвы́, Ленингра́да, Ки́ева, Берли́на, Варша́вы?

е) Обратите внимание на особенности в склонении немецких имён собственных.
– Университет им. Эрнста Морица Арндта, па́мятник Генриху Гейне, воспоми-на́ния о Вальтере Ратенау
– »Дневни́к« Анны Франк, писа́ть Женни фон Вестфален, письма Розы Люк-сембург, фильм о Берте фон Зуттнер

1.4.2. Содержание событий (основные задачи и проблемы)

28

вы́ступить/выступа́ть
eintreten; auftreten
~ за *что*; ~ в защи́ту *чего́*, ~ в подде́ржку *чего́*; про́тив *чего́*

выступле́ни|е за *что*; про́тив *чего́*
Aktion
организова́ть ~, подгото́вить/подгота́вливать ~, нача́ть/начина́ть ~; ма́ссовое ~, откры́тое ~, реши́тельное ~, стихи́йное ~

боро́ться, бо́ремся, бо́рются *uv.*
kämpfen, ringen
~ за *что*; ~ про́тив *чего́*; ~ с *чем*

борьб|а́ Kampf, Ringen
вести́ -у, продолжа́ть -у, уси́лить/уси́ливать -у; всенаро́дная ~, после́довательная ~, реши́тельная ~, справедли́вая ~; *s. o.*

добива́ться *uv.* anstreben
~ *чего́*

1.4.2.1. Глобальные задачи и проблемы

но́в|ое мышле́ни|е neues Denken
~ в о́бласти *чего́*

обновле́ни|е Erneuerung
духо́вное ~, ка́чественное ~, коренно́е ~, революцио́нное ~; ~ о́бщества, ~ междунаро́дных отноше́ний

перестро́йк|а Umgestaltung, Perestroika
коренна́я ~, после́довательная ~; ~ междунаро́дных отноше́ний; ~ в о́бласти *чего́*

переворо́т Umwälzung
коренно́й ~, суще́ственный ~; ~ в разви́тии [в жи́зни] о́бщества

перело́м Umwälzung ↗ **переворо́т**

переме́н|а Veränderung
бу́рная ~, значи́тельная ~, крута́я ~, ре́зкая ~; ~ в жи́зни *кого́*, ~ в о́бласти *чего́*, ~ в разви́тии *чего́*; ~ к лу́чшему

поворо́т Wende, Umschwung
значи́тельный ~, коренно́й ~, круто́й ~, ре́зкий ~; ~ в разви́тии [в жи́зни] о́бщества; ~ к лу́чшему

преобразова́ни|е Umgestaltung
глубо́кие -я, обще́ственные -я, полити́ческие -я, социа́льные -я, экономи́ческие -я; -я в обла́сти *чего́*

преодоле́ни|е Überwindung
после́довательное ~; ~ вражды́, ~ не́нависти, ~ оши́бок про́шлого, ~ предвзя́тости, ~ предрассу́дков, ~ препя́тствий, ~ тру́дностей, ~ стереоти́пов

измене́ни|е Veränderung
глубо́кие -я, коренны́е -я, кру́пные -я, огро́мные -я; -я в жи́зни *кого́*, -я в о́бласти *чего́*, -я в соста́ве прави́тельства, -я в лу́чшую сто́рону, -я к лу́чшему

рефо́рм|а Reform
правова́я ~, социа́льная ~, экономи́ческая ~, шко́льная ~; радика́льные -ы; ~ вы́сшей шко́лы, ~ образова́ния, ~ управле́ния, ~ полити́ческой систе́мы

30

строи́тельств|о Aufbau, Schaffung
ми́рное ~, социа́льно-культу́рное ~, хозя́йственное ~; ~ но́вого о́бщества, ~ правово́го госуда́рства

осуществле́ни|е Verwirklichung
~ прав челове́ка, ~ правосу́дия, ~ социа́льных програ́мм

претворе́ни|е в жизнь Umsetzung
↗ **осуществле́ние**
после́довательное ~

развёртывани|е Entfaltung
~ гла́сности, ~ демокра́тии, ~ тво́рческой диску́ссии

усиле́ни|е Verstärkung
~ борьбы́ за *что*, ~ движе́ния за *что*, ~ материа́льного и мора́льного стимули́рования

ускоре́ни|е Beschleunigung
~ нау́чно-техни́ческого прогре́сса, ~ перестро́йки, ~ разви́тия о́бщества, ~ социа́льно-экономи́ческого разви́тия

соблюде́ни|е Einhaltung, Befolgung
стро́гое ~, тща́тельное ~, че́стное ~; ~ норм повседне́вного поведе́ния, ~ зако́нности

31

демократиза́ци|я Demokratisierung
всесторо́нняя ~, глубо́кая ~, широ́кая ~; ~ всех сфер жи́зни, ~ всей жи́зни о́бщества, ~ межгосуда́рственных отноше́ний

народовла́сти|е Volksherrschaft
по́длинное ~

многообра́зи|е Vielfalt, Pluralismus
~ взгля́дов, ~ мне́ний, ~ ме́тодов, ~ па́ртий, организа́ций и объедине́ний, ~ путе́й, ~ социа́льного и госуда́рственного стро́я стран

самоуправле́ни|е Selbstverwaltung
студе́нческое ~; ~ городо́в, ~ трудя́щихся

ра́венств|о Gleichheit
настоя́щее ~, по́длинное ~, по́лное ~; ~ всех без исключе́ния гра́ждан [люде́й], ~ интере́сов

свобо́д|а Freiheit
по́лная ~; ~ вы́бора, ~ ми́тингов, ~ мы́сли, ~ передвиже́ния [перемеще́ния] Reisefreiheit, ~ печа́ти, ~ сло́ва, ~ собра́ний, ~ у́личных ше́ствий Demonstrationsfreiheit

зако́нност|ь Gesetzlichkeit

незако́нност|ь Ungesetzlichkeit
~ де́йствий, ~ забасто́вок, ~ задержа́ния, ~ реше́ния

пра́во Recht
всео́бщее, ра́вное, прямо́е избира́тельное ~, зако́нное ~, основно́е ~; ~ го́лоса, ~ полити́ческого убе́жища, ~ со́бственности; ~ на образова́ние, ~ на труд; -а́ челове́ка

правопоря́док Rechtsordnung

правосу́ди|е Rechtsprechung

беспра́ви|е Rechtlosigkeit
~ же́нщин, ~ национа́льных меньши́нств

1.4.2.2. Отношения между людьми и нациями

32

гла́сност|ь Offenheit, Öffentlichkeit, Glasnost
по́длинная ~, по́лная ~, после́довательная ~, широ́кая ~; ~ в жи́зни *кого́*, ~ в рабо́те *кого́*, ~ в де́ятельности *кого́*

откры́тост|ь Offenheit
↗ **гла́сность**
~ полити́ческой систе́мы о́бщества

правди́вост|ь Wahrheitstreue
~ информа́ции, ~ отчётов

взаимопонима́ни|е gegenseitiges Verständnis
глубо́кое ~, по́лное ~; ~ ме́жду наро́дами [на́циями]

дове́ри|е Vertrauen
взаи́мное ~, всео́бщее ~, глубо́кое ~, по́лное ~; ~ ме́жду госуда́рствами [наро́дами, стра́нами]

дру́жб|а Freundschaft
про́чная ~; ~ ме́жду наро́дами [на́циями, стра́нами]

справедли́вост|ь Gerechtigkeit
социа́льная ~

уваже́ни|е Achtung
взаи́мное ~, (все)о́бщее ~, и́скреннее ~; ~ незави́симости, ~ прав челове́ка, ~ к досто́инству челове́ка, ~ к мы́слям и чу́вствам люде́й

благотвори́тельност|ь Wohltätigkeit
де́йственная ~, обще́ственная ~, ча́стная ~

милосе́рди|е Barmherzigkeit
~ сло́вом и де́лом; при́нцип -я, дом -я, о́рден -я, центр -я

доброт|а́ Güte
челове́ческая ~; ~ се́рдца, ~ хара́ктера

доброжела́тельност|ь Wohlwollen
~ в междунаро́дных [межнациона́льных] отноше́ниях, ~ в отноше́ниях ме́жду людьми́

сострада́ни|е Mitleid, Mitgefühl
~ к несча́стным; из -я

терпи́мост|ь [толера́нтност|ь] Duldsamkeit, Toleranz
~ к чужи́м мне́ниям

чу́ткост|ь Feinfühligkeit, Mitgefühl
душе́вная ~

33

наси́ли|е Gewalt
гру́бое ~, жесто́кое ~, прямо́е ~; ~ со стороны́ *кого́*, акт -я, поли́тика -я

угнете́ни|е Unterdrückung
жесто́кое ~; ~ коренно́го населе́ния, ~ наро́дов, ~ национа́льных меньши́нств

наруше́ни|е Verletzung
гру́бое ~; ~ грани́цы, ~ догово́ра, ~ зако́на, ~ ми́ра, ~ обще́ственного поря́дка, ~ прав челове́ка

попра́ни|е (grobe) Verletzung
~ междунаро́дного пра́ва, ~ прав челове́ка

произво́л Willkür
вопию́щий ~; ~ захва́тчиков, ~ оккупа́нтов

захва́т Besetzung; Entführung
де́рзкий ~; ~ ба́нка, ~ посо́льства, ~ самолёта

похище́ни|е Entführung
~ самолёта, ~ *кого́*

уго́н Entführung
~ самолёта

апартеи́д [тэ] Apartheid
поли́тика -а

геноци́д Völkermord
поли́тика -а

пресле́довани|е Verfolgung
жесто́кое ~; ~ патрио́тов, ~ уча́стников ми́тинга [манифеста́ции]

запре́т на *что* Verbot
~ на опубликова́ние книг [сообще́ний]

злоупотребле́ни|е *чем* Mißbrauch
~ вла́стью, ~ дове́рием, ~ служе́бным положе́нием

бесхозя́йственност|ь Mißwirtschaft

взя́точничеств|о Bestechlichkeit

волоки́т|а Amtsschimmel, Bürokratie

очковтира́тельств|о Augenauswischerei

показу́х|а Protzerei

приукра́шивани|е (действи́тельности) Schönfärberei

самоуспоко́енност|ь Selbstzufriedenheit

тунея́дств|о Schmarotzertum

1.4.2.3. Межгосударственные отношения

мир Frieden
всео́бщий ~, ве́чный ~, про́чный ~;
~ во всём ми́ре, ~ на земле́, ~ ме́жду наро́дами, ~ при ме́ньшем коли́честве ору́жия; Ми́ру мир!

согла́си|е Einvernehmen, Konsens
взаи́мное ~, европе́йское ~, людско́е ~, национа́льное ~, о́бщее ~; ~ вме́сто конфронта́ции

безопа́сност|ь Sicherheit
всео́бщая ~, европе́йская ~, междунаро́дная ~, национа́льная ~, ра́вная ~;
~ грани́ц, ~ наро́дов

добрососе́дств|о gutnachbarliche Beziehungen
~ ме́жду наро́дами

невмеша́тельств|о Nichteinmischung
~ во вну́тренние дела́ други́х госуда́рств

незави́симост|ь Unabhängigkeit
национа́льная ~, полити́ческая ~, по́лная ~, экономи́ческая ~; ~ госуда́рств, ~ стран

неприкоснове́нност|ь Unantastbarkeit
территориа́льная ~; ~ грани́ц,
~ ли́чности

неруши́мост|ь Unverletzlichkeit
~ грани́ц

равнопра́ви|е Gleichberechtigung
настоя́щее ~, по́длинное ~; ~ наро́дов,
~ на́ций, ~ цветно́го населе́ния

самоопределе́ни|е Selbstbestimmung
по́длинное ~, по́лное ~; ~ наро́дов,
~ на́ций; пра́во на ~

36

сотру́дничеств|о Zusammenarbeit
взаимовы́годное ~, всесторо́ннее ~, междунаро́дное ~, равнопра́вное ~, те́сное ~, широ́кое ~; ~ в о́бласти *чего́*; ~ на осно́ве *чего́*

обме́н *кем/чем* Austausch
взаи́мный ~, всесторо́нний ~, нау́чный ~, техни́ческий ~, торго́вый ~; ~ визи́тами, ~ делега́циями, ~ информа́цией, ~ мне́ниями, ~ о́пытом, ~ посла́ми

по́мощ|ь Hilfe
бескоры́стная ~, всесторо́нняя ~, дру́жеская ~; ~ развива́ющимся стра́нам; ~ деньга́ми, ~ сове́том, ~ специали́стами; ~ в борьбе́ за *что* [про́тив *чего́*, с *чем*], ~ в строи́тельстве *чего́*

подде́ржк|а Unterstützung
бескоры́стная ~, дру́жеская ~, материа́льная ~, мора́льная ~; ~ в преодоле́нии *чего́*, ~ в разви́тии *чего́*

оздоровле́ни|е Gesundung
оконча́тельное ~, по́лное ~; ~междунаро́дной обстано́вки, ~ окружа́ющей среды́, ~ полити́ческого кли́мата, ~ эконо́мики

призна́ни|е Anerkennung
всео́бщее ~, междунаро́дно-правово́е ~, по́лное ~, факти́ческое ~, юриди́ческое ~; ~ госуда́рства, ~ прав, ~ прави́тельства, ~ реа́льностей, ~ сложи́вшихся грани́ц, ~ ста́туса-кво

разви́ти|е Entwicklung
всесторо́ннее ~, высо́кое ~, дальне́йшее ~, ми́рное ~, социа́льное ~, хозя́йственное ~; ~ гла́сности, ~ деловы́х свя́зей, ~ отноше́ний, ~ сотру́дничества

расшире́ни|е Erweiterung
дальне́йшее ~; ~ гла́сности, ~ конта́ктов, ~ коопера́ции, ~ свя́зей, ~ сотру́дничества, ~ торго́вли

сближе́ни|е Annäherung
дальне́йшее ~; ~ наро́дов, ~ пози́ций; ~ ме́жду стра́нами

созда́ни|е Schaffung
постепе́нное ~, уско́ренное ~; ~ безъя́дерного ми́ра, ~ »общеевропе́йского до́ма«, ~ осно́вы для *чего́*, ~ совме́стных предприя́тий

сохране́ни|е Erhaltung
~ ми́ра, ~ общечелове́ческих це́нностей, ~ тради́ции

углубле́ни|е Vertiefung
дальне́йшее ~, постоя́нное ~; ~ взаимоде́йствия, ~ дру́жбы, ~ сотру́дничества, ~ перестро́йки

укрепле́ни|е Festigung
дальне́йшее ~, постоя́нное ~; ~ взаи́много дове́рия, ~ всео́бщего ми́ра, ~ дру́жбы, ~ междунаро́дной безопа́сности, ~ торго́вых свя́зей

упро́чени|е Festigung
дальне́йшее ~, постоя́нное ~; ~ безопа́сности, ~ ми́ра, ~ пози́ций, ~ положе́ния, ~ разря́дки

37

разоруже́ни|е Abrüstung
всео́бщее и по́лное ~, односторо́ннее ~, поэта́пное ~, части́чное ~, я́дерное ~; ~ в междунаро́дном масшта́бе

разря́дк|а Entspannung
междунаро́дная ~; ~ (междунаро́дной) напряжённости

запреще́ни|е Verbot, Ächtung
всео́бщее ~, по́лное ~; ~ апартеи́да, ~ геноци́да, ~ всех ви́дов ору́жия, ~ ору́жия ма́ссового уничтоже́ния

ограниче́ни|е Einschränkung
~ (я́дерных) вооруже́ний, ~ вое́нной угро́зы, ~ опа́сности но́вой войны́, ~ стратеги́ческих вооруже́ний

ослабле́ни|е Schwächung, Milderung
заме́тное ~, значи́тельное ~; ~ вое́нного противостоя́ния, ~ междунаро́дной напряжённости, ~ опа́сности войны́

отка́з Verzicht
взаи́мный ~, доброво́льный ~, по́лный ~; ~ от примене́ния си́лы и́ли угро́зы си́лой

предотвраще́ни|е Verhinderung
~ войны́, ~ кровопроли́тия, ~ опа́сности *чего́*, ~ я́дерной катастро́фы

прекраще́ни|е Einstellung
неме́дленное ~; ~ боевы́х де́йствий, ~ войны́, ~ го́нки (я́дерных) вооруже́ний, ~ испыта́ний я́дерного ору́жия, ~ произво́дства *како́го ору́жия*

реше́ни|е Lösung
ми́рное ~, оконча́тельное ~, справедли́вое ~; ~ глоба́льных [общечелове́ческих] пробле́м, ~ национа́льных [межнациона́льных, междунаро́дных] пробле́м ми́рным путём

свёртывани|е Abbau, Verringerung
дальне́йшее ~, заме́тное ~, значи́тельное ~; ~ вое́нных приготовле́ний, ~ я́дерного ору́жия

сниже́ни|е Senkung
заме́тное ~, дальне́йшее ~; ~ у́ровня вое́нной конфронта́ции [вое́нного противостоя́ния]

сокраще́ни|е Verringerung, Kürzung
взаи́мное ~, заме́тное ~, значи́тельное ~, односторо́ннее ~; ~ вое́нных расхо́дов, ~ вооружённых сил и вооруже́ний

уменьше́ни|е Verringerung
значи́тельное ~, дальне́йшее ~; ~ вое́нной опа́сности, ~ междунаро́дной напряжённости

уничтоже́ни|е Vernichtung
по́лное ~, части́чное ~; ~ всего́ я́дерного ору́жия, ~ всех запа́сов биологи́ческого и хими́ческого ору́жия

урегули́ровани|е Regelung
ми́рное ~, неме́дленное ~, полити́ческое ~; ~ спо́рных вопро́сов путём перегово́ров

38

напряжённост|ь Spannung
вое́нная ~, расту́щая ~; ~ междунаро́дных отноше́ний

вражд|а́ Feindschaft
национа́льная ~, ра́совая ~; разжига́ние -ы́

опа́сност|ь Gefahr
вое́нная ~, смерте́льная ~; ~ войны́, ~ нападе́ния, ~ экологи́ческой [я́дерной] катастро́фы

противостоя́ни|е Konfrontation
вое́нное ~, я́дерное ~

вмеша́тельств|о Einmischung
вое́нное ~, вооружённое ~, гру́бое ~; ~ во вну́тренние дела́, ~ извне́

вооруже́ни|е Aufrüstung, Ausrüstung
я́дерное ~; ~ а́рмии [войск] я́дерным [бактериологи́ческим, хими́ческим] ору́жием

вооруже́ни|я *Pl.* Rüstung(en), Waffen
обы́чные ~, стратеги́ческие ~ назе́много, морско́го и возду́шного бази́рования, я́дерные ~; ограниче́ние стратеги́ческих вооруже́ний [ОСВ I и II – SALT I und II]

испыта́ни|е Versuch
подзе́мные я́дерные -я; ~ я́дерного ору́жия

нара́щивани|е Anhäufung
необу́зданное ~; ~ (я́дерных) вооруже́ний

обостре́ни|е Verschärfung
значи́тельное ~, дальне́йшее ~; ~ противоре́чий, ~ междунаро́дной напряжённости, ~ межнациона́льных отноше́ний

осложнéни|е Komplizierung
значи́тельное ~, дальнéйшее ~;
~ обстанóвки, ~ положéния, ~ ситуáции

развёртывани|е Stationierung
ракéт мáлой дáльности, ~ ракéт морскóго [назéмного] бази́рования

размещéни|е Stationierung
↗ **развёртывание**

угрóз|а *чемý* Bedrohung, Gefährdung
я́дерная ~; ~ ми́ру и безопáсности, ~ человéчеству

войн|á Krieg
захвáтническая ~, кровопроли́тная ~, мировáя ~, я́дерная ~; ~ *какóй страны́*, ~ прóтив *когó*, ~ с *кем*, ~ мéжду *кем*

нападéни|е Überfall
внезáпное ~, вооружённое ~, дéрзкое ~;
~ *какóй страны́* на *кaкýю странý*;
опáсность -я

Задания

39

а) Подберите синонимы и/или антонимы к следующим словам.
дрýжба, мир, народовлáстие, невмешáтельство, перестрóйка, разря́дка, сокращéние, улучшéние
■ незави́симость – синонимы: автонóмия, суверенитéт – антоним: зави́симость;
гла́сность – синонимы: откры́тость, публи́чность;
разоружéние – антоним: вооружéние

б) С какими глаголами и отглагольными существительными могут сочетаться следующие существительные?
мир, безопáсность, разря́дка, сотрýдничество; войнá, напряжённость
■ довéрие: вы́разить/выражáть ~, выражéние -я; имéть ~; прояви́ть/проявля́ть ~, проявлéние -я

в) Укажите разницу в значениях прилагательных *ми́рный, всеми́рный, мировóй.* Составьте предложения.

г) Обратите особое внимание на ударение в следующих словах. Составьте с ними предложения.
глáсность, обеспéчение, обмéн, сотрýдничество, упрóчение

д) Запомните управление слов *доби́ться/добивáться, обмéн, угрóза.* Составьте с ними предложения.

е) Какими исходными словами мотивированы следующие термины?
глáсность, добрососéдство, переворóт, перестрóйка, равновéсие, благотвори́тельность, милосéрдие, доброжелáтельность, безопáсность

ж) Из списков лексики ↗ 29–38 выберите существительные на *-éние* и назовите соответствующие глаголы.
■ уничтожéние – уничтóжить/уничтожáть

з) К следующим существительным подберите однокоренные глаголы.
довéрие, сострадáние, сотрýдничество, обмéн, пóмощь, поддéржка, разви́тие, откáз, захвáт, угóн, угрóза
■ охрáна – охрани́ть/охраня́ть

1.4.3. События и их ход

1.4.3.1. Выступления, заявления, призывы

40

вы́ступить/выступа́ть
sprechen, auftreten
~ в печа́ти, ~ по ра́дио, ~ по телеви́дению, ~ пе́ред избира́телями, ~ пе́ред собра́вшимися; ~ на заседа́нии; ~ по вопро́су [вопро́сам] *чего́*; ~ с ре́чью

выступле́ни|е Rede, Ansprache
крити́ческое ~, публи́чное ~; ~ председа́теля *чего́*; ~ в газе́те, ~ в пре́ниях; ~ по ра́дио, ~ по телеви́дению, *s. o.*

реч|ь Rede, Ansprache
вы́ступить с -ью; отве́тная ~, предвы́борная ~, приве́тственная ~, торже́ственная ~; ~ на ми́тинге; ~ по ра́дио, ~ по телеви́дению

доложи́ть/докла́дывать berichten
с удовлетворе́нием ~; ~ ито́ги *чего́*, ~ результа́ты *чего́*; ~ об обстано́вке в [на] ..., ~ о рабо́те *кого́*

докла́д Bericht, Vortrag
вы́ступить с -ом; основно́й ~, отчётный ~; ~ мини́стра *чего́*; ~ на совеща́нии; ~ о *чём*; ~ на те́му *чего́*, *s. o.*

заяви́ть/заявля́ть erklären, sagen
реши́тельно ~, торже́ственно ~; ~ в интервью́; ~ на бри́финге, ~ на пресс-конфере́нции, ~ на совеща́нии; ~ о гото́вности к *чему́*, ~ о согла́сии с *чем*, ~ о свое́й солида́рности с *кем*

заявле́ни|е Erklärung
вы́ступить с -ем; сде́лать ~; односторо́ннее ~, публи́чное ~, совме́стное ~; ~ прави́тельства, ~ ТАСС; ~ для печа́ти, *s. o.*

объяви́ть/объявля́ть
(öffentlich) bekanntgeben, erklären
неожи́данно ~, официа́льно ~; ~ бойко́т, ~ войну́, ~ голодо́вку, ~ пове́стку дня, ~ собра́ние откры́тым [закры́тым]; ~ о вре́мени встре́чи, ~ о реше́нии *кого́*, ~ о своём согла́сии с *чем*

объявле́ни|е (offizielle, öffentliche) Bekanntgabe, Erklärung
переда́ть ~, распространи́ть ~, сде́лать ~; неожи́данное ~, официа́льное ~; ~ бойко́та, *s. o.*, ~ о вре́мени встре́чи, *s. o.*

обрати́ться/обраща́ться sich wenden
в связи́ с *чем* ~; по слу́чаю *чего́* ~; ~ с заявле́нием, ~ с предложе́нием, ~ с призы́вом, ~ с ре́чью, ~ с тре́бованием; ~ к жи́телям, ~ к наро́ду, ~ к населе́нию

обраще́ни|е Appell
вы́ступить с -ем; ~ бундеска́нцлера, ~ президе́нта, ~ совеща́ния; ~ в связи́ с *чем*; ~ по слу́чаю *чего́*; ~ к наро́дам и прави́тельствам, *s. o.*

посла́ть/посыла́ть senden, schicken
~ в связи́ с *чем*, по слу́чаю *чего́*; ~ но́ту, ~ приглаше́ние, ~ проте́ст

посла́ни|е Botschaft, Sendschreiben
напра́вить ~, переда́ть ~; новогóднее ~, рожде́ственское ~, приве́тственное ~

призва́ть/призыва́ть aufrufen
~ к диало́гу, ~ к еди́нству, ~ к защи́те *кого́/чего́*, ~ к эконо́мии; ~ уча́ствовать в *чём*

призы́в Aufruf
вы́ступить с -ом, обрати́ться с -ом; горя́чий ~, *s. o.*

отчита́ться/отчи́тываться о *чём*
Rechenschaft ablegen
~ на собра́нии; ~ пе́ред депута́тами, ~ пе́ред избира́телями; ~ о проде́ланной рабо́те, ~ о свое́й де́ятельности

отчёт Rechenschaft(sbericht)
вы́ступить с -ом; предста́вить ~; годово́й ~, фина́нсовый ~; ~ о *чём*, *s. o.*

сообщи́ть/сообща́ть
mitteilen, berichten
~ в своём выступле́нии, ~ в свое́й ре́чи; ~ подро́бности *чего́*, ~ ито́ги *чего́*, результа́ты *чего́*; ~ о хо́де *чего́*; ~, что ...

сообще́ни|е Mitteilung, Bericht
вы́ступить с -ем, сде́лать ~; кра́ткое ~, официа́льное ~; ~ о чём;
совме́стное ~ (для печа́ти), *s. o.*

41

вы́разить/выража́ть ausdrücken, zum Ausdruck bringen
~ гото́вность, ~ заинтересо́ванность, ~ согла́сие, ~ удовлетворе́ние, ~ беспоко́йство, ~ возмуще́ние, ~ проте́ст

вы́сказаться/выска́зываться
sich aussprechen, sich äußern
~ реши́тельно; ~ за *кого́/что*, ~ в подде́ржку *кого́/чего́*, ~ про́тив *кого́/чего́*

доба́вить/добавля́ть hinzufügen
~, что ...

напо́мнить/напомина́ть erinnern
~ о встре́че в верха́х, ~ об обеща́нии, ~ об обя́занностях в о́бласти *чего́*; ~ (о том), что ...

посвяти́ть/посвяща́ть widmen
~ значи́тельную часть своего́ выступле́ния *чему́*; ~ *что* вопро́су [вопро́сам] *чего́*, ~ *что* зада́чам в о́бласти *чего́*

продолжа́ть fortfahren, fortsetzen
»...«, - продолжа́л *кто*.

затро́нуть/затра́гивать berühren, streifen
~ вопро́с, ~ пробле́му, ~ те́му *чего́*

косну́ться/каса́ться *чего́* berühren, erwähnen
~ вопро́са, ~ пробле́мы, ~ ситуа́ции в [на] ..., ~ собы́тий в [на] ...

останови́ться/остана́вливаться на *чём* eingehen (auf)
осо́бо ~, подро́бно ~; ~ на вопро́се *чего́*, ~ на пробле́ме *чего́*, ~ на собы́тиях в [на] ...

отме́тить/отмеча́ть betonen, hervorheben
осо́бо ~, с удовлетворе́нием ~; ~ недоста́тки, ~ тру́дности, ~ значе́ние *чего́*, ~ роль *чего́*; ~, что ...

подчеркну́ть/подчёркивать
unterstreichen, betonen
осо́бо ~; ~ ва́жность *чего́*, ~ значе́ние *чего́*, ~ необходи́мость *чего́*, ~ роль *чего́*; ~, что ...

подтверди́ть/подтвержда́ть bestätigen
целико́м и по́лностью ~; ~ вы́вод, ~ мне́ние, ~ пози́цию, ~ то́чку зре́ния

удели́ть/уделя́ть (большо́е, гла́вное, основно́е, осо́бое) **внима́ние** *чему́*
Aufmerksamkeit widmen
~ вопро́су [вопро́сам] *чего́*, ~ пробле́ме [пробле́мам] *чего́*, ~ зада́чам в о́бласти *чего́*

обрати́ть/обраща́ть внима́ние на *что*
Aufmerksamkeit lenken, *s. o.*

указа́ть/ука́зывать на *что* hinweisen
~ на значе́ние *чего́*, ~ на недоста́тки в о́бласти *чего́*, ~ на необходи́мость *чего́*, ~ на тру́дности в *чём*, ~ на успе́хи в *чём*; ~ на то, что ...

42

оцени́ть/оце́нивать
einschätzen, werten
высоко́ ~, по досто́инству ~, положи́тельно ~, крити́чески ~, отрица́тельно ~; ~ значе́ние *чего́*, ~ ито́ги *чего́*, ~ обстано́вку [положе́ние, ситуа́цию] в [на] ..., ~ собы́тие, ~ хара́ктер *чего́*

оце́нк|а Einschätzung, Wertung
дать -у *чему́*; вы́ступить с -ой *чего́*; высо́кая ~, положи́тельная ~, отрица́тельная ~; ~ ито́гов вы́боров [конфе́ренции], *s. o.*

одо́брить/одобря́ть
gutheißen, befürworten
всеце́ло ~, горячо́ ~, по́лностью ~; ~ де́ятельность *кого́*, ~ инициати́ву, ~ ме́ры, ~ план, ~ предложе́ние, ~ шаг

одобре́ни|е Befürwortung, Billigung
вы́разить ~, вы́сказать ~; горя́чее ~, и́скреннее ~, по́лное ~, *s. o.*

поддержа́ть/подде́рживать unterstützen
всеце́ло ~, горячо́ ~, по́лностью ~, реши́тельно ~; ~ кандидату́ру *кого́*, ~ предложе́ние, ~ тре́бование

подде́ржк|а Unterstützung
вы́ступить в -у *кого́/чего́*, *s. o.*

приве́тствовать *v. und uv.* begrüßen
горячо́ ~; ~ выступле́ние депута́та …, ~ заключе́ние догово́ра, ~ э́тот шаг

возрази́ть/возража́ть
sich aussprechen gegen, Einwände erheben
ре́зко ~, реши́тельно ~; ~ про́тив *чего́*, ~ про́тив того́, что́бы …

возраже́ни|е Einwand, Widerspruch
вы́ступить с -ем; вы́сказать -я, изложи́ть -я; принципиа́льное ~, ре́зкое ~, реши́тельное ~, серьёзное ~, *s. o.*

отклони́ть/отклоня́ть ablehnen
категори́чески ~, ре́зко ~, реши́тельно ~; ~ конце́пцию, ~ предложе́ние, ~ тре́бование

отве́ргнуть/отверга́ть zurückweisen
↗ **отклони́ть/отклоня́ть**

подве́ргнуть/подверга́ть кри́тике
einer Kritik unterziehen, kritisieren
~ де́йствия, ~ де́ятельность, ~ мини́стра, ~ това́рища

осуди́ть/осужда́ть verurteilen
ре́зко ~, реши́тельно ~; ~ вмеша́тельство, ~ заявле́ние, ~ ме́ры

осужде́ни|е Verurteilung
вы́разить ~; вы́ступить с -ем; гне́вное ~, ре́зкое ~, реши́тельное ~, *s. o.*

(по)тре́бовать *чего́* fordern
настоя́тельно ~, реши́тельно ~; ~ незави́симости, ~ освобожде́ния *кого́*, ~ свобо́ды, ~ улучше́ния усло́вий труда́

тре́бовани|е *чего́, о чём* Forderung
вы́двинуть ~; вы́ступить с -ем; зако́нное ~, справедли́вое ~

43

переда́ть/передава́ть übermitteln
~ благода́рность, ~ пожела́ния, ~ поздравле́ния, ~ приве́т, ~ приглаше́ние

поздра́вить/поздравля́ть *кого́/что с чем*
beglückwünschen
горячо́ ~, серде́чно ~; ~ наро́д, ~ страну́; ~ с годовщи́ной *чего́*, ~ с пра́здником

поздравле́ни|е Glückwunsch
вы́сказать ~, переда́ть ~; новогоднние -я, серде́чные -я; ~ по слу́чаю годовщи́ны *чего́* [Дня *чего́*]

(по)жела́ть *кому́/чему́ чего́* wünschen
горячо́ ~, и́скренне ~; ~ до́брого здоро́вья, ~ большо́го семе́йного сча́стья, ~ счастли́вого Но́вого го́да, ~ больши́х успе́хов

пожела́ни|е Glückwunsch
вы́сказать ~, переда́ть ~; наилу́чшие -я, серде́чные -я; ~ плодотво́рного заверше́ния *чего́*, ~ успе́хов; ~ по слу́чаю *чего́*, *s. o.*

(по)благодари́ть *кого́/что за что*
danken
горячо́ ~, и́скренне ~, серде́чно ~; ~ наро́д, ~ прави́тельство; ~ за по́мощь и подде́ржку, ~ за проде́ланную рабо́ту

благода́рност|ь *за что* Dank(barkeit)
вы́разить ~, переда́ть ~; глубо́кая ~, горя́чая ~, и́скренняя ~, серде́чная ~; ~ за гостеприи́мство, ~ за дове́рие; в знак -и, с -ью, *s. o.*

Образцы заметок и сообщений

44

1. …, заяви́л *кто*, выступа́я *где* [пе́ред *кем*].

2. … Об э́том заяви́л *кто*. Он вы́ступил *когда́ где* [пе́ред *кем*].

3. *Кто* вы́ступил *где* [пе́ред *кем*] с ре́чью [с заявле́нием, с обраще́нием, с призы́вом, с сообще́нием] *о чём*. Он, в ча́стности, сказа́л, что … .

4. В связи́ с *чем кто* обрати́лся к *кому́* с заявле́нием [с посла́нием, с призы́вом, с предложе́нием], в кото́ром говори́тся, что … .

5. *Кто* напра́вил *кому́* но́ту [телегра́мму], в кото́рой отмеча́ется, что … .

6. *Кто* переда́л *кому́* заявле́ние [но́ту, посла́ние, приглаше́ние], в кото́ром [-ой] ука́зывается, что … .

7. *Когда́ где* вы́ступил *кто*. Косну́вшись/Каса́ясь *чего́*, он подчеркну́л [заяви́л, отме́тил, указа́л], что … . По мне́нию [по слова́м] *кого́*, … Он продолжа́л: … . Говоря́ о …, *кто* затро́нул *что* [косну́лся *чего́*, останови́лся *на чём*] и потре́бовал *чего́*. В заключе́ние он заяви́л [подчеркну́л, отме́тил, указа́л], что … .

8. *Кто*, выступа́я *когда́ где*, заяви́л [подчеркну́л, отме́тил, указа́л], что … . Останови́вшись на *чём* [Косну́вшись/Каса́ясь *чего́*], *кто* указа́л [подчеркну́л, отме́тил, сказа́л], что … . Да́лее *кто* отме́тил [заяви́л, подчеркну́л, указа́л], что … . По слова́м [по мне́нию] *кого́*, … . В э́той связи́ *кто* удели́л осо́бое внима́ние вопро́сам … .

Задания

45

а) Укажите разницу в значениях следующих глаголов. Составьте предложения.
заяви́ть/заявля́ть, объяви́ть/объявля́ть, объясни́ть/объясня́ть

б) Назовите синонимы к следующим словам. Придумайте предложения с найденными синонимами.
речь, затро́нуть/затра́гивать, вы́разить/выража́ть, приве́тствовать

в) Образуйте глагольно-именные сочетания со следующими существительными.
докла́д, заявле́ние, осужде́ние, предложе́ние, сообще́ние, тре́бование
- ■ речь: вы́ступить/выступа́ть с ре́чью, обрати́ться/обраща́ться с ре́чью, обменя́ться/обме́ниваться реча́ми, переда́ть/передава́ть по ра́дио [по телеви́дению] речь …

г) Обратите особое внимание на ударение в следующих глаголах. Сравните ударение в этих глаголах с ударением в соответствующих глаголах другого вида. Образуйте с этими глаголами словосочетания или предложения и произнесите их вслух.
выража́ть, выска́зываться, выступа́ть, одо́брить, поздра́вить

д) Каким падежом управляют следующие глаголы?
(по)благодари́ть, (по)жела́ть, поздра́вить/поздравля́ть, косну́ться/каса́ться, (по)-тре́бовать
Составьте предложения.
- (по)благодари́ть: наро́д, прави́тельство, Ро́дина, Сове́тский Сою́з
- (по)жела́ть: благополу́чие, мир, сотру́дничество, сча́стье, успе́хи
- поздра́вить/поздравля́ть: сове́тский народ, ва́ша страна́
- косну́ться/каса́ться: вопро́с, пробле́ма, предложе́ние, собы́тия
- (по)тре́бовать: дисципли́на, поря́док, повыше́ние, прекраще́ние

е) Переведите на немецкий язык.
- В заявле́нии уделя́ется осо́бое внима́ние вопро́сам ...
- В но́те выража́ется наде́жда, что ...
- В призы́ве осо́бо ука́зывается на возмо́жности ...
- В ре́чи президе́нта констати́руется, что ...
- В обраще́нии подчёркивается, что ...

ж) Переведите на немецкий язык.
- Подчеркну́в [Подчёркивая] значе́ние зако́на ..., докла́дчик отме́тил, что ...
- Останови́вшись [Остана́вливаясь] на пробле́мах разоруже́ния, посо́л вы́разил пожела́ние, чтобы ...
- Косну́вшись [Каса́ясь] междунаро́дного положе́ния, она́ останови́лась и на вопро́се ...
- Затро́нув [Затра́гивая] вопро́сы вну́треннего разви́тия, ора́тор вы́сказался за то, что́бы ...

з) Используя последние публичные выступления, составьте по данным образцам ↗ 44 актуа́льные тексты.

1.4.3.2. Заседания, совещания

ассамбле́|я Vollversammlung, Forum
Генера́льная Ассамбле́я ОО́Н, законода́тельная ~; откры́ть -ю, закры́ть -ю, зако́нчить -ю

заседа́ни|е Sitzung
заключи́тельное ~, закры́тое ~, откры́тое ~, [вне] очередно́е ~, торже́ственное ~, чрезвыча́йное ~, юбиле́йное ~; ~ Съе́зда наро́дных депута́тов СССР, ~ Верхо́вного Сове́та СССР; ~ прави́тельства; ~ по слу́чаю ..., ~ по вопро́сам ...; откры́ть ~, закры́ть ~, зако́нчить ~, провести́ ~; вы́ступить на -и

пле́нум Plenum, Tagung
расши́ренный ~, чрезвыча́йный ~; ~ ЦК КПСС; ~ по вопро́сам *чего́*; откры́ть ~, ↗ **заседа́ние**

се́сси|я Tagung
очередна́я ~, предстоя́щая ~, расши́ренная ~, юбиле́йная ~; ~ Верхо́вного Сове́та СССР, ~ Генера́льной Ассамбле́и ООН; ~ пе́рвого [второ́го ...] созы́ва; откры́ть -ю, ↗ **заседа́ние**

собра́ни|е Versammlung
о́бщее ~, откры́тое ~, [вне]очередно́е ~, торже́ственное ~; ~ избира́телей, ~ колхо́зников; ~ по вопро́сам *чего́*, ~ по по́воду *чего́*, ~ по слу́чаю *чего́*; откры́ть ~, ↗ **заседа́ние**

совеща́ни|е Beratung
всесою́зное ~, междунаро́дное ~, общеевропе́йское ~, рабо́чее ~; ~ в верха́х; ~ на вы́сшем у́ровне; ~ глав прави́тельств, ~ мини́стров иностра́нных дел; Совеща́ние по безопа́сности и сотру́дничеству в Евро́пе [СБСЕ – KSZE]; ~ по вопро́сам ...; откры́ть ~, ↗ **заседа́ние**

съезд Kongreß
всесою́зный ~, [вне]очередно́й ~, парти́йный ~, чрезвыча́йный ~; ~ писа́телей, ~ профсою́зов; откры́ть ~, ↗**заседа́ние**

созва́ть/созыва́ть einberufen
~ по инициати́ве *кого́*; ~ заседа́ние, ~ пле́нум, ~ се́ссию, ~ собра́ние, ~ совеща́ние, ~ съезд

созы́в Einberufung
~ заседа́ния, *s. o.*

по поруче́нию im Auftrage
~ Прези́диума Верхо́вного Сове́та; ~ *кого́* внести́ предложе́ние, ~ *кого́* вы́ступить с сообще́нием, ~ *кого́* откры́ть [закры́ть] заседа́ние

пове́стк|а дня Tagesordnung
включи́ть в пове́стку дня, приня́ть [утверди́ть] пове́стку дня; стоя́ть на пове́стке дня; ~ совеща́ния

поря́док дня Tagesordnung
объяви́ть ~, приня́ть ~, утверди́ть ~; ~ заседа́ния

поря́док рабо́ты Geschäftsordnung
s. o.

председа́тельств|о Vorsitz
под -ом *кого́*

председа́тельствовать
den Vorsitz führen
Председа́тельствует *кто.*

47

заслу́шать/заслу́шивать entgegennehmen
с больши́м внима́нием ~, с неослабева́ющим интере́сом ~; ~ докла́д, ~ информа́цию, ~ отчёт, ~ сообще́ние

пре́ни|я *Pl.* Diskussion, Aussprache
~ по докла́ду, ~ по отчёту, ~ по сообще́нию; в -ях вы́ступить

предоста́вить/предоставля́ть сло́во
das Wort erteilen
~ для докла́да, ~ для отчёта, ~ для сообще́ния; сло́во для отчётного докла́да предоставля́ется *кому́*

аплодисме́нт|ы Beifall
бу́рные ~; встре́тить -ами, сопровожда́ться -ами

обсуди́ть/обсужда́ть *что* erörtern
всесторо́нне ~, горячо́ ~, обстоя́тельно ~; ~ вопро́с, ~ выступле́ние, ~ докла́д, ~ зако́н, ~ кандидату́ру, ~ обстано́вку, ~ положе́ние, ~ предложе́ние, ~ прое́кт, ~ ситуа́цию; на заседа́нии ~

обсужде́ни|е Erörterung
всесторо́ннее ~, горя́чее ~, всенаро́дное ~, публи́чное ~; ~ вопро́са, *s. o.*, в хо́де -я; приступи́ть к -ю, вы́нести на ~, поста́вить на ~, провести́ ~

рассмотре́ть/рассма́тривать
behandeln, erörtern
внима́тельно ~, всесторо́нне ~, тща́тельно ~; ~ вопро́с, ~ заявле́ние, ~ ито́ги *чего́*, ~ предложе́ние, ~ прое́кт, ~ про́сьбу; на се́ссии ~

рассмотре́ни|е Behandlung, Erörterung
внима́тельное ~, всесторо́ннее ~, тща́тельное ~; ~ вопро́са, *s. o.*; в хо́де -я; перейти́ к -ю, приступи́ть к -ю, вы́нести на ~

запро́с Anfrage
~ гру́ппы депута́тов, ~ депута́та; ~ об обстано́вке в [на] ..., ~ о де́ятельности *кого́*; отве́т на ~

избра́ть/избира́ть *кого́ кем* wählen
единогла́сно ~; ~ большинство́м голосо́в; ~ (това́рища) Ивано́ва М. С.; ~ *кого́* председа́телем [секретарём, чле́ном ...]; ~ *кого́* в депута́ты, ~ в чле́ны ...; на пле́нуме ~; ~ откры́тым [та́йным] голосова́нием

избра́ни|е Wahl
утверди́ть ~, *s. o.*

приня́ть/принима́ть annehmen
большинство́м голосо́в ~, единогла́сно ~; ~ зако́н, ~ заявле́ние, ~ обраще́ние, ~ план, ~ предложе́ние, ~ резолю́цию, ~ реше́ние; на совеща́нии ~

приня́ти|е Annahme
единогла́сное ~, единоду́шное ~; ~ зако́на, *s. o.*

назна́чить/назнача́ть
1. festlegen, 2. ernennen
1. ~ встре́чу, ~ вы́боры, ~ совеща́ние, ~ съезд;
2. ~ коми́ссию; ~ *кого́* дире́ктором, ~ *кого́* Генера́льным прокуро́ром

назначе́ни|е
1. Ansetzung; 2. Ernennung
1. ~ встре́чи ...; 2. ~ коми́ссии ..., *s. o.*

утверди́ть/утвержда́ть bestätigen
большинство́м голосо́в ~, единогла́сно ~, единоду́шно ~; ~ зако́н, ~ курс, ~ пове́стку дня, ~ прое́кт, ~ реше́ние

утвержде́ни|е Bestätigung
~ зако́на, *s. o.*

постанови́ть/постановля́ть beschließen
большинство́м голосо́в ~, единогла́сно ~; ~ образова́ть *что*, ~ опубликова́ть *что*, ~ пересмотре́ть *что*, ~ провести́ *что*; на съе́зде ~

постановле́ни|е Beschluß
единогла́сное ~; ~ о постоя́нных коми́ссиях, ~ о комите́тах, ~ о назначе́нии *кого́ кем*, ~ об утвержде́нии *чего́*, ~ по заявле́нию, ~ по отчёту, ~ по обсужда́емым [обсужда́вшимся] вопро́сам; вы́нести ~, призна́ть ~, приня́ть ~, одо́брить ~, утверди́ть [подтверди́ть] ~

реши́ть/реша́ть beschließen
↗ **постанови́ть/постановля́ть**

реше́ни|е Beschluß
↗ **постановле́ние**

Образцы заметок и сообщений

1. *Когда́ где* состоя́лось [на́чало (свою́) рабо́ту] *что.*
   Что откры́л *кто.* С докла́дом о *чём* вы́ступил *кто.* На *чём* в пре́ниях по докла́ду вы́ступили....
   На э́том *что* зако́нчило [*Когда́ что* продо́лжит] (свою́) рабо́ту.

2. Торже́ственное собра́ние, посвящённое *чему́*, состоя́лось *когда́ где.*
   В прези́диуме – *кто.* С докла́дом вы́ступил *кто.*

3. *Когда́* состоя́лось *что*, на кото́ром рассмо́трены [бы́ли рассмо́трены, рассма́тривались] зада́чи *чего́.*
   В рабо́те *чего́* уча́ствовали [при́няли уча́стие] ... . На нём вы́ступил *кто.*

4. *Когда́ где* состоя́лось заседа́ние [совеща́ние] *како́го междунаро́дного о́ргана. Каку́ю делега́цию* возглавля́л *кто, каку́ю – кто.* В заседа́нии [совеща́нии] при́няли уча́стие … . Председа́тельствовал *кто.*
В це́нтре внима́ния *чего́* бы́ло *что.*
Заседа́ние [Совеща́ние] прошло́ в *како́й* обстано́вке [атмосфе́ре] [в обстано́вке, в атмосфе́ре, в ду́хе] *чего́.*

Задания

а) К следующим существительным подберите соответствующие глаголы. Придумайте предложения.
заседа́ние, собра́ние, поруче́ние

б) Как можно сказать по-другому?
- Сего́дня в Москве́ начина́ется конфере́нция … .
- Пе́рвое заседа́ние вёл депута́т … .
- Уча́стники конгре́сса утверди́ли поря́док дня.
- На се́ссии та́кже бы́ли рассмо́трены вопро́сы разви́тия … .
- Зате́м тов. Медве́дев зако́нчил заседа́ние.

в) Скажите, кто был избран кем.
- С. М. Андре́ев – делега́т съезда
- В. К. Серо́ва – председа́тель коми́ссии
- Н. С. Петро́ва – член комите́та

г) Переведите на немецкий язык.
- На заседа́нии бы́ли рассмо́трены и одо́брены предложе́ния о … .
- На пле́нуме обсуждена́ информа́ция тов. Ивано́ва о … и при́нято соотве́тствующее реше́ние.
- На совеща́нии бы́ло вы́ражено убежде́ние, что …, и подчёркнуто, что … .
- Констати́ровалось, что …, и в э́той связи́ отмеча́лось, что … .
- Заслу́шав сообще́ние о …, Политбюро́ постанови́ло образова́ть коми́ссию … .

д) Обратите внимание на чередование согласных в видовой паре *обсуди́ть/обсужда́ть.* Составьте словосочетания или предложения с этими глаголами.

е) Используя информацию о последних заседаниях и совещаниях, составьте по данным образцам ↗ 48 актуальные тексты.

1.4.3.3. Прибытие и отбытие гостей

прибы́ть/прибыва́ть, при́был, прибыла́, при́было, при́были *отку́да куда́*
eintreffen, ankommen

~ по приглаше́нию *кого́*, ~ по слу́чаю *чего́*; ~ с визи́том; ~ для уча́стия в …; ~ из Берли́на, ~ из Кры́ма; ~ в Берли́н, ~ в Крым; ~ с Кавка́за, ~ с Ку́бы, ~ с Укра́йны; ~ на Кавка́з, ~ на Ку́бу, ~ на Укра́йну, ~ на Ро́дину

прибы́ти|е *отку́да куда́* Ankunft
~ делега́ции, ~ бундеска́нцлера, ~ парламента́риев, ~ президе́нта, ~ руководи́телей ..., ~ това́рища ...; ~ из Ве́ны в Ленингра́д, *s. o.*

визи́т *куда́* Besuch, Visite
предстоя́щий ~; госуда́рственный ~, делово́й ~, дру́жеский ~, дру́жественный ~, отве́тный ~, [не]официа́льный ~, рабо́чий ~; ~ делега́ции ..., *s. o.*; ~ в Сове́тский Сою́з, ~ на Ку́бу; во вре́мя -а, в хо́де -а; заверши́ть ~, отложи́ть ~, отмени́ть ~; отпра́виться с -ом, прибы́ть с -ом, отбы́ть с -ом, находи́ться с -ом, посети́ть с -ом

во главе́
an der Spitze, unter Leitung
~ с председа́телем *чего́*, ~ с замести́телем *кого́*, ~ с мини́стром *чего́*

возглавля́ть *uv.* leiten
~ делега́цию

входи́ть в соста́в *uv.* angehören
В соста́в делега́ции вхо́дят ...

встреча́ть *uv.* begrüßen, empfangen
в аэропорту́ ~, на аэродро́ме ~, у тра́па самолёта ~, на ... вокза́ле ~; ~ высо́ких госте́й, ~ делега́цию, ~ уча́стников *чего́*

встре́ч|а Begrüßung, Empfang
оказа́ть -у, устро́ить -у; горя́чая ~, тёплая ~, серде́чная ~, торже́ственная ~; ~ госте́й ..., *s. o.*; быть на -е, находи́ться на -е, прису́тствовать на -е

отбы́ть/отбыва́ть, о́тбыл, отбыла́, о́тбыло, о́тбыли *отку́да куда́*
abreisen, ↗ **прибы́ть/прибыва́ть**

отбы́ти|е Abreise
~ главы́ госуда́рства [прави́тельства] ..., ↗ **прибы́тие**

возврати́ться/возвраща́ться
zurückkehren
~ из Берли́на ..., ↗ **прибы́ть/прибыва́ть**

возвраще́ни|е Rückkehr
↗ **прибы́тие**

провожа́ть *uv.* verabschieden
↗ **встреча́ть**

про́вод|ы *Pl.* Verabschiedung
~ в аэропорту́, ~ на аэродро́ме, ~ на вокза́ле; торже́ственная церемо́ния -ов; приня́ть уча́стие в -ах

51

почётн|ый карау́л Ehrenformation
~ войск Моско́вского гарнизо́на, ~ трёх ви́дов Вооружённых Сил

отда́ть/отдава́ть ра́порт
Meldung erstatten
~ Президе́нту

обойти́/обходи́ть abschreiten
~ почётный карау́л, ~ строй сове́тских во́инов

прохожде́ни|е Vorbeimarsch
~ почётного карау́ла

корте́ж [тэ] автомаши́н
Wagenkolonne
~ в сопровожде́нии почётного эско́рта мотоцикли́стов

в сопровожде́нии in Begleitung
s. o.

сле́довать *uv.* fahren

сле́довани|е Fahrt
по пути́ -я, по тра́ссе -я

Образцы заметок и сообщений

52

1. Как сообщи́л *исто́чник, кто* посети́т *каку́ю страну́* для уча́стия в *чём.*

2. По договорённости ме́жду сторона́ми с *како́го числа́* по *како́е число́ како́го го́да* состо́ится *како́й* визи́т в *каку́ю страну́ кого́.*

3. В соотве́тствии с дости́гнутой договорённостью *кто* по приглаше́нию *кого́* посети́т *каку́ю страну́* с *каки́м* визи́том *когда́.*

4. По приглаше́нию *кого́ куда́* с *каки́м* визи́том при́был *кто.* На аэродро́ме [В аэропорту́] *кого́* встреча́л *кто,* други́е официа́льные ли́ца. Среди́ встреча́вших был [находи́лся] *кто.*

5. По приглаше́нию *кого́ когда́ куда́* с *каки́м* визи́том прибыла́ *кака́я* делега́ция *како́й страны́* во главе́ с *кем.* В соста́в делега́ции вхо́дят … . В аэропорту́ [На аэродро́ме] *кого́* встреча́л *кто.* Во встре́че при́няли уча́стие … .

6. *Кто когда́* о́тбыл *куда́* с *каки́м* визи́том. В соста́в официа́льных лиц, сопровожда́ющих *кого́,* вхо́дят … . На *како́м* аэродро́ме [В *како́м* аэропорту́] *кого́* провожа́ли … . Среди́ провожа́вших находи́лся [был] *кто.*

7. *Когда́ отку́да куда́* о́тбыл [вы́летел] *кто,* находи́вшийся здесь по приглаше́нию *кого́* с *каки́м* визи́том. [… , возглавля́вший *каку́ю* делега́цию.] На аэродро́ме [В аэропорту́] *кого́* провожа́л *кто,* други́е официа́льные ли́ца. Среди́ провожа́вших был [находи́лся] *кто.*

Задания

а) Установите разницу в преимущественном употреблении синонимов. Приведите примеры.
прибы́ть – прие́хать; отбы́ть – уе́хать; возврати́ться – верну́ться

б) В чём заключается разница в значении между *проводи́ть/провожа́ть* и *сопровожда́ть*? Приведите примеры.

в) Запомните ударение в следующих словах и словоформах. Составьте с ними словосочетания или предложения и прочитайте их вслух.
визи́т; при́был, -а́, -о, -и; о́тбыл, -а́, -о, -и; добро́ пожа́ловать

г) Запомните управление следующих лексем. Составьте с ними словосочетания или предложения.
визи́т, прибы́ть/прибыва́ть, добро́ пожа́ловать

д) Как можно объяснить употребление несовершенного вида глаголов *встре́тить/встреча́ть* и *проводи́ть/провожа́ть* в сообщениях о прошедших прибытиях и отбытиях?

е) Сравните и прокомментируйте. Запомните.
leiten – возглавля́ть
die Leitung übernehmen – возгла́вить/возглавля́ть

ж) На основе заметок и сообщений о последних визитах составьте по данным образцам ↗ 52 актуальные тексты.

1.4.3.4. Встречи, переговоры

встре́титься/встреча́ться sich treffen
~ с гру́ппой профсою́зных де́ятелей, ~ с избира́телями, ~ с мини́стром *чего́*; ~ для обме́на мне́ниями, ~ для обсужде́ния ..., ~ для перегово́ров; ~, чтобы обсуди́ть ...

встре́ч|а Treffen
дру́жеская ~, дру́жественная ~, очередна́я ~, подготови́тельная ~, рабо́чая ~; ~ в верха́х, ~ на вы́сшем у́ровне, ~ оди́н на оди́н; ~ с избира́телями, ~ с представи́телями деловы́х круго́в [обще́ственности]; име́ть -у; на -е вы́ступить с ре́чью, *s. o.*

бесе́довать *uv.* sprechen
~ с представи́телями ..., с избира́телями; ~ на те́му ...; ~ о том, что [как] ...

бесе́д|а Gespräch
делова́я ~, дру́жеская ~, дру́жественная ~, плодотво́рная ~; ~ за кру́глым столо́м, ~ оди́н на оди́н, ~ с гла́зу на́ глаз; име́ть -у, провести́ -у; в -е бы́ло подчёркнуто ..., *s. o.*

приня́ть/принима́ть empfangen
~ делега́цию, ~ госте́й, ~ гру́ппу де́ятелей культу́ры; ~ для бесе́ды, ~ для обме́на информа́цией, ~ для перегово́ров

приём Empfang
нового́дний ~, прави́тельственный ~, пра́здничный ~; ~ делега́ции, ~ посла́, ~ представи́телей ...; ~ президе́нтом, ~ премьѐр-мини́стром; ~ в честь высо́кого го́стя, ~ по слу́чаю национа́льного пра́здника, *s. o.*

обменя́ться/обме́ниваться *чем* austauschen
~ информа́цией, ~ мне́ниями, ~о́пытом, ~реча́ми, ~ то́стами

обме́н *чем* Austausch
всесторо́нний ~, открове́нный ~; ~ информа́цией ...; провести́ ~, произвести́ ~, *s. o.*

обе́д [за́втрак, у́жин] Essen
~ в честь высо́кого го́стя [делега́ции, президе́нта]; дать ~, устро́ить ~; на -е вы́ступить с ре́чью

тост Toast, Trinkspruch
обменя́ться дру́жественными -ами, провозгласи́ть ~ в честь [за] *кого́*

приве́тствовать *v. und uv.* begrüßen
горячо́ ~, серде́чно ~, тепло́ ~; ~ аплодисме́нтами, ~ ова́цией; ~ *кого́* от и́мени *кого́*

приве́тстви|е Grußansprache
~ в а́дрес *кого́*; слова́ -я; обрати́ться с- ем; переда́ть ~, *s. o.*

рукопожа́ти|е Händedruck
обменя́ться -ями

переда́ть/передава́ть überbringen
~ от и́мени *кого́*; ~ по поруче́нию *кого́*;
~ благода́рность, ~ заявле́ние, ~ наилу́чшие пожела́ния, ~ приве́т, ~ приве́тствие в а́дрес *кого́*, ~ приглаше́ние, ~ про́сьбу

вручи́ть/вруча́ть aushändigen
~ вери́тельные гра́моты, ~ награ́ду, ~ но́ту, ~ о́рден, ~ полномо́чия, ~ приглаше́ние

вруче́ни|е Aushändigung
~ вери́тельных гра́мот посло́м ...; церемо́ния -я *чего́*, *s. o.*

гра́мот|а Urkunde
вери́тельные -ы, почётная ~, ратификацио́нная ~; награди́ть почётной -ой, сдать на хране́ние ратификацио́нную -у; протоко́л об обме́не ратификацио́нными -ами, церемо́ния обме́на ратификацио́нными -ами

55

перегово́р|ы Verhandlungen
ми́рные ~, междунаро́дные ~, торго́вые ~, сове́тско-герма́нские ~; ~ на вы́сшем у́ровне, ~ на у́ровне посло́в, ~ на у́ровне мини́стров иностра́нных дел; ~ об ограниче́нии я́дерных вооруже́ний, ~ о разоруже́нии; ~ по сокраще́нию вооружённых сил и вооруже́ний; нача́ть ~, вести́ ~, прерва́ть ~, возобнови́ть ~, заверши́ть ~; вступи́ть в ~; пойти́ на ~

заключи́ть/заключа́ть abschließen
~ догово́р, ~ контра́кт, ~ конве́нцию, ~ сде́лку, ~ соглаше́ние; во вре́мя визи́та ~ *что*

заключе́ни|е Abschluß
~ догово́ра ..., *s. o.*

подписа́ть/подпи́сывать unterzeichnen
~ воззва́ние, ~ догово́р, ~ заявле́ние, ~ контра́кт, ~ протоко́л, ~ соглаше́ние; во вре́мя визи́та ~ *что*

подписа́ни|е Unterzeichnung
~ воззва́ния ...; церемо́ния -я; при -и прису́тствовать, *s. o.*

договори́ться/догова́риваться о *чём* vereinbaren, übereinkommen
~ о взаимопо́мощи, ~ об обме́не специали́стами, ~ о поста́вке га́за, ~ о сотру́дничестве в о́бласти ..., ~ об установле́нии дипломати́ческих отноше́ний

догово́р Vertrag
двусторо́нний ~, междунаро́дный ~, ми́рный ~, торго́вый ~; заключи́ть ~, подписа́ть ~, разрабо́тать ~, соблюда́ть ~; ~ вступи́л в си́лу, ~ откры́т для подписа́ния [для присоедине́ния к нему́ други́х госуда́рств], *s. o.*

договорённост|ь
Vereinbarung, Übereinkommen
взаи́мная ~, многосторо́нняя ~, широ́кие -и; ~ на у́ровне мини́стров; -и по углубле́нию сотру́дничества; ~ о взаимопо́мощи ..., дости́чь -и, приде́рживаться -и, вы́работать ~, соблюда́ть ~,
↗ **договори́ться/догова́риваться**

согласи́ться/соглаша́ться
übereinkommen, übereinstimmen
~, что ...; ~ в том, что ...

соглаше́ни|е Abkommen
двусторо́ннее ~, многосторо́ннее ~, межгосуда́рственное ~, межправи́тельственное ~, торго́вое ~; ~ о запреще́нии *чего́*, ~ об ограниче́нии *чего́*, ~ о предотвраще́нии *чего́*, ~ о прекраще́нии *чего́*, ~ о товарообме́не; ~ по урегули́рованию *чего́*; заключи́ть ~, подписа́ть ~, парафи́ровать ~, ратифици́ровать ~, соблюда́ть ~, *s. o.*

согла́си|е Konsens, Übereinstimmung
ба́зисное ~; ~ сторо́н о том, что ..., ~ в оце́нке *чего́*; о́бласти -я,
↗ **соглаше́ние**

согласова́ть *v.* koordinieren
~ ме́ры, ~ текст, ~ шаги́, ~; что ...

интервью́ Interview
~ федера́льного ка́нцлера, ~ президе́нта; ~ газе́те ..., ~ журна́лу ..., ~ радиоста́нции ..., ~ телеви́дению ...; взять у *кого́* ~, опубликова́ть ~, переда́ть по ра́дио ~, провести́ ~; в ~ заяви́ть, что ...

бри́финг Briefing
~ для сове́тских и иностра́нных журнали́стов; ~ по ито́гам встре́чи [перегово́ров]; ~ в пресс-це́нтре МИД [Министе́рства иностра́нных дел]; вы́ступить на -е

пресс-конфере́нци|я Pressekonferenz
~ Председа́теля *чего́*, ~ мини́стра *чего́*; ~ в пресс-це́нтре МИД [Министе́рства иностра́нных дел]; ~ для сове́тских и иностра́нных журнали́стов; провести́ -ю, устро́ить -ю; вы́ступить на -и

Образцы заметок и сообщений

1. *Когда́ где* состоя́лась встре́ча [состоя́лись перегово́ры] *кого́* с *кем*. Во встре́че [В перегово́рах] при́няли уча́стие [уча́ствовали] ... . Встре́ча прошла́ [Перегово́ры прошли́] в *како́й* обстано́вке [в ду́хе *чего́*].

2. Кто при́нял *когда́ кого́* [встре́тился *когда́* с *кем*]. В бесе́де, проше́дшей [проходи́вшей] в *како́й* обстано́вке [атмосфе́ре] уча́ствовали [при́няли уча́стие] .... Состоя́лся обме́н мне́ниями по широ́кому кру́гу вопро́сов, представля́ющих взаи́мный интере́с [свя́занных с *чем*].

3. *Когда́ кто* устро́ил *где* приём по слу́чаю *чего́* [в честь *кого́*, для *кого́*]. На приёме бы́ли [В приёме при́няли уча́стие] ..., други́е официа́льные ли́ца. Прису́тствовали та́кже ... . *Кто и кто* обменя́лись реча́ми. [С ре́чью вы́ступил *кто*. С отве́тной ре́чью вы́ступил *кто*.] Приём прошёл в *како́й* обстано́вке [в атмосфе́ре *чего́*, в ду́хе *чего́*].

4. *Кто когда́ где* дал обе́д в честь *кого́*. [*Когда́ где* в честь *кого́* был дан обе́д от и́мени *кого́*.] На обе́де прису́тствовали [бы́ли] ... . *Кто и кто* обменя́лись то́стами. Ре́чи *кого́ и кого́* бы́ли вы́слушаны с (больши́м) внима́нием и встре́чены аплодисме́нтами. Для уча́стников обе́да был дан конце́рт.

5. *Когда́ где* (в торже́ственной обстано́вке) состоя́лось подписа́ние *каки́х* докуме́нтов. На церемо́нии подписа́ния прису́тствовали: с ... стороны́ – *кто*, други́е официа́льные ли́ца; с ... стороны́ – кто, други́е официа́льные ли́ца.
Соглаше́ние ме́жду *каки́ми стра́нами* о *чём* подписа́ли ... . Програ́мма *чего́* была́ подпи́сана *кем* и *кем*.

6. *Когда́ где* был подпи́сан Догово́р о *чём* ме́жду *каки́ми стра́нами*. Догово́р подписа́ли: за *каку́ю страну́ кто*; за *каку́ю страну́ кто*. При подписа́нии догово́ра прису́тствовали: с ... стороны́ – *кто*, други́е официа́льные ли́ца; с ... стороны́ – *кто*, други́е официа́льные ли́ца.

7. *Когда́ где* состоя́лась пресс-конфере́нция *кого́*. [*Кто* провёл *когда́* пресс-конфере́нцию для *кого́*.] *Кто* сде́лал сле́дующее заявле́ние: ... Зате́м *кто* отве́тил на во-

про́сы корреспонде́нтов [журнали́стов]. Мно́гих [Прису́тствующих] корреспонде́нтов [журнали́стов] интересова́ло, … . *Кого́* та́кже спроси́ли, почему́ [как, когда́] … . *Кто* отве́тил, что … .
На пресс-конфере́нции прису́тствовали [В пресс-конфере́нции при́няли уча́стие] … .

Задания

а) Найдите синонимы: *бесе́довать, вручи́ть, приве́тствовать.* В чём заключается разница между соответствующими синонимами? Приведите примеры.

б) Замените следующие глаголы глагольно-именными сочетаниями. Составьте предложения.
встре́титься, бесе́довать, договори́ться, обменя́ться, приве́тствовать
■ подписа́ть – поста́вить по́дпись
Под заключи́тельным докуме́нтом поста́вили свои́ по́дписи все руководи́тели делега́ций.

в) Поставьте знаки ударения. Придумайте предложения.
передал, передали, передала, был передан, были переданы, была передана; принял, приняли, приняла, был принят, были приняты, была принята; встреча, обмен

г) Найдите как можно больше однокоренных слов.
вручи́ть, обме́н, перегово́ры, приве́тствовать

д) Используя событийные глаголы ↗ 13–16, составьте со следующими существительными словосочетания и предложения.
встре́ча, бесе́да, приём, перегово́ры, подписа́ние
■ пресс-конференция: состоя́лась ~, была́ проведена́ ~

е) Используя информацию о последних встречах и переговорах, составьте по данным образцам ↗ 56 актуальные тексты.

1.4.3.5. Пребывание гостей – поездки, посещения

пое́здк|а Reise
ознакоми́тельная ~; ~ в го́род …, ~ в Крым, ~ на заво́д им. *кого́,* ~ на Кавка́з, ~ на се́вер страны́; ~ по земле́ …, ~ по стране́; отбы́ть в -у, отпра́виться в -у; возврати́ться из -и, прибы́ть из -и; осуществи́ть -у, соверши́ть -у

пребыва́ни|е Aufenthalt
дли́тельное ~, кратковре́менное ~, кра́ткое ~; ~ в *како́м* кра́е, ~ в *како́й* о́бласти; прерва́ть ~, продли́ть ~

возложи́ть/возлага́ть вено́к [цветы́]
einen Kranz [Blumen] niederlegen
~ к моги́ле Неизве́стного солда́та у Кремлёвской стены́, ~ к монуме́нту ма́тери-Ро́дины на Пискарёвском мемориа́льном кла́дбище

возложе́ни|е венка́ [цвето́в]
Kranzniederlegung *s. o.*

отда́ть/отдава́ть дань *кому́/чему́*
ehren
~ све́тлой па́мяти сове́тских во́инов, па́вших в го́ды Вели́кой Оте́чественной войны́

(по)чти́ть па́мять gedenken
мину́той молча́ния ~; ~ па́вших во́инов, ~ поги́бших геро́ев, ~ же́ртв *чего́*, ~ основа́теля *чего́*

(о)знако́миться sich bekannt machen
обстоя́тельно ~, подро́бно ~; ~ с го́родом, ~ с достопримеча́тельностями, ~ с заво́дом, ~ со страно́й, ~ с жи́знью *како́го* наро́да, ~ с о́пытом рабо́ты в о́бласти *чего́*

знако́мств|о Bekanntschaft
s. o.

осмотре́ть/осма́тривать besichtigen
внима́тельно ~, с интере́сом ~; ~ истори́ческие и культу́рные па́мятники, ~ предприя́тие

осмо́тр Besichtigung
~ Кремля́; прису́тствовать при -е *чего́*, *s. o.*

побыва́ть *v.* weilen
~ в гостя́х у *кого́*, ~ в го́роде ..., ~ в музе́е, ~ на вы́ставке, ~ на Украи́не

посети́ть/посеща́ть besuchen
~ вы́ставку, ~ го́род, ~ карти́нную галере́ю, ~ конце́рт, ~ кооперати́в, ~ па́мятное ме́сто, ~ университе́т, ~ я́рмарку

посеще́ни|е Besuch
~ вы́ставки ..., *s. o.*

расписа́ться/распи́сываться
sich eintragen
~ в Кни́ге почётных посети́телей [госте́й]

за́пис|ь Eintrag
сде́лать ~; ~ в Кни́ге почётных посети́телей [госте́й]

встре́титься/встреча́ться
sich treffen
~ с жи́телями, ~ с парламента́риями

встре́ч|а Treffen
s. o.

нанести́/наноси́ть визи́т
einen Besuch abstatten
~ королю́, ~ мэ́ру го́рода, ~ президе́нту, ~ премьѐр-мини́стру, ~ председа́телю *чего́*

сопровожда́ть *uv.* begleiten
~ госте́й, ~ делега́цию, ~ парламента́риев, ~ президе́нта; ~ *кого́* в пое́здке по стране́

сопровожде́ни|е Begleitung
s. o.

Образцы заметок и сообщений

1. *Когда́ кто* посети́л *что* и возложи́л вено́к [цветы́] к моги́ле *кого́* [к па́мятнику *кому́*].
   Кого́ сопровожда́л *кто*, други́е официа́льные ли́ца.

2. Продолжа́ется визи́т *кого́* [*куда́ како́й* делега́ции во главе́ с *кем*]. *Когда́ кто* знако́мился с *чем*. Кто побыва́л *где*, посети́л [осмотре́л] *что*, ознако́мился с *чем*.

3. В ра́мках *како́го* визи́та *куда́* [В ра́мках програ́ммы пребыва́ния *где*] *кто* знако́мился [продо́лжил знако́мство] с достопримеча́тельностями *како́го* го́рода. *Кому́* бы́ло пока́зано *что*. Во вре́мя (кра́ткого) осмо́тра *чего́ кто* ознако́мился с *чем*. В тот же день *кто* посети́л [осмотре́л] *что*, побыва́л *где*. Вме́сте с *кем* был *кто*.

4. *Кто когда́* был го́стем [была́ го́стьей] *како́го* го́рода [соверши́л (ознакоми́тельную) пое́здку *куда́*]. *Где кто* посети́л *что*, побыва́л *где*, осмотре́л *что*, ознако́мился с *чем*, бесе́довал с *кем*. В пое́здке *кого́* сопровожда́л *кто*. В аэропорту́ [На аэродро́ме] *кого́* встреча́л и провожа́л *кто*.

Задания

60

а) Определите разницу в значениях и употреблении слов следующих лексико-семантических групп.
 – навести́ть/навеща́ть, посети́ть/посеща́ть, побыва́ть, нанести́/наноси́ть визи́т
 – проводи́ть/провожа́ть, сопровожда́ть

б) К следующим глаголам подберите однокоренные слова. Составьте с ними словосочетания или предложения.
возложи́ть/возлага́ть, (по)знако́миться, расписа́ться/распи́сываться, (по)чти́ть

в) Исходя из информации о последних визитах, составьте по данным образцам ↗ 59 актуальные тексты.

1.4.3.6. Выборы

61

вы́бор|ы Wahlen
всео́бщие ~, ра́вные ~, та́йные ~, прямы́е ~, свобо́дные ~; очередны́е ~, досро́чные ~, повто́рные ~; муници-па́льные ~, земе́льные ~, парла́мент-ские ~, президе́нтские ~; ~ в о́рганы госуда́рственной вла́сти, ~ в ме́стные о́рганы вла́сти, ~ в парла́мент, ~ в Сове́ты наро́дных депута́тов, ~ на Съезд наро́дных депута́тов, ~ в бундеста́г, ~ в ландта́г земли́ ..., ~ в Национа́льный сове́т; пе́рвый [второ́й] тур [эта́п] -ов; назна́чить ~, провести́ ~; на -ах

предвы́борн|ый Wahl-
-ое обраще́ние, -ая борьба́, -ая кампа́ния, ~ ло́зунг, ~ ми́тинг, -ое обеща́ние, -ая платфо́рма, -ая програ́мма, -ое собра́ние

избра́ть/избира́ть wählen
~ депута́тов в *како́й о́рган*, ~ председа́теля *како́го о́ргана*, ~ президе́нта; ~ *кого́* депута́том в *како́й о́рган*

избира́тел|и (*Sg.* избира́тель) die Wähler
~ *како́й страны́*, ~ *како́й (федера́льной) земли́* Bundesland; собра́ние -ей, спи́сок -ей

избира́тельн|ый, -ая, -ое; -ые Wahl-
~ зако́н, -ое пра́во, Центра́льная [окружна́я, участко́вая] -ая коми́ссия; ~ о́круг, ~ пункт [уча́сток], ~ бюллете́нь, -ая у́рна [я́щик]

спи́сок (*Gen.* спи́ска) Liste
соста́вить ~, включи́ть в ~, внести́ в ~; ~ кандида́тов, ~ избира́телей

претендова́ть *uv.* sich bewerben
~ на манда́ты, ~ на пост председа́теля *како́го о́ргана* [на пост президе́нта]

вы́двинуть/выдвига́ть
aufstellen, nominieren
~ кандида́тов в депута́ты *како́го о́ргана* от *како́й па́ртии*, ~ кандидату́ру *кого́* в депута́ты *како́го о́ргана*, ~ *кого́* в ка́честве кандида́та в президе́нты [на пост президе́нта], ~ свою́ кандидату́ру в президе́нты [на пост президе́нта]

выдвиже́ние Aufstellen, Nominierung
s. o.

вы́ставить/выставля́ть aufstellen
↗ **вы́двинуть/выдвига́ть**

баллоти́роваться *uv.*
sich zur Wahl stellen
~ в депута́ты; ~ от *како́й па́ртии*, ~ в *како́м* избира́тельном о́круге

го́лос Stimme
-á избира́телей; пра́во -а; коли́чество -о́в; отда́ть -á за *кого́*; подсчита́ть -á; подсчёт -о́в

(про)голосова́ть stimmen
~ за *кого́*, ~ за кандида́тов *како́й па́ртии*

голосова́ни|е Abstimmung
всенаро́дное ~ [= рефере́ндум], та́йное ~, повто́рное ~; каби́на для -я

62

исхо́д вы́боров Wahlausgang

призна́ть/признава́ть erklären
~ вы́боры [не]действи́тельными, ~ вы́боры несостоя́вшимися

ито́г|и (*Sg.* ито́г) Bilanz
подвести́ ~; ~ вы́боров

результа́т|ы вы́боров Wahlergebnisse
объяви́ть ~, опубликова́ть ~, обнаро́довать ~; предвари́тельные ~, оконча́тельные ~, официа́льные ~

собра́ть/собира́ть
auf sich vereinigen, erzielen
~ … проце́нта [… проце́нтов] голосо́в; ~ на … проце́нта [… проце́нтов] бо́льше [ме́ньше] голосо́в, чем на про́шлых [предыду́щих] вы́борах; ~ необходи́мое коли́чество голосо́в, ~ подавля́ющее большинство́ [число́] голосо́в

набра́ть/набира́ть auf sich vereinigen, erzielen *s. o.*

завоева́ть/завоёвывать erkämpfen
~ … ме́ста [… мест] в *како́м о́ргане*
↗ **собра́ть/собира́ть**

получи́ть/получа́ть erhalten
↗ **завоева́ть/завоёвывать;** ↗ **собра́ть/собира́ть**

побе́д|а Sieg
одержа́ть -у, завоева́ть -у; ~ ле́вых [пра́вых] сил, ~ *како́го кандида́та*, ~ *како́й па́ртии* [*како́го бло́ка*]

успе́х Erfolg
доби́ться (значи́тельного, кру́пного, небыва́лого) -а; ~ ле́вых [пра́вых] сил, ~ *како́го кандида́та*, ~ *како́й па́ртии* [*како́го бло́ка*]

увели́чить/увели́чивать erhöhen
~ коли́чество [число́] полу́ченных голосо́в по сравне́нию с предыду́щими [про́шлыми] вы́борами на … проце́нта [… проце́нтов]

увели́читься/увели́чиваться
sich erhöhen *s. o.*

увеличе́ни|е Erhöhung

неуда́ч|а Mißerfolg
потерпе́ть -у; ~ ле́вых [пра́вых] сил, ~ *како́го кандида́та*, ~ *како́й па́ртии* [*како́го бло́ка*]

пораже́ни|е Niederlage, *s. o.*

(по)теря́ть verlieren, einbüßen
~ голоса́, ~ … проце́нта [… про-це́нтов] голосо́в, ~ места́ в *како́м о́ргане*, ~ … места́ [… мест] в *како́м о́ргане*

поте́р|я Verlust, Einbuße
s. o.

63

нару́шить/наруша́ть
verletzen, verstoßen
гру́бо ~, преднаме́ренно ~; ~ зако́н о вы́борах, ~ та́йну голосова́ния, ~ пра́вила подсчёта голосо́в

наруше́ни|е Verletzung, Verstoß
s. o.

манипуля́ци|я Manipulation
~ в хо́де вы́боров [голосова́ния]

фальсифици́ровать *v. und uv.*
fälschen
~ результа́ты вы́боров [голосова́ния]

фальсифика́ци|я Fälschung
избира́тельная ~; ~ результа́тов вы́боров [голосова́ния]

опротестова́ть/опротесто́вывать
anfechten
~ вы́боры, ~ голосова́ние, ~ ито́ги [результа́ты] вы́боров [голосова́ния]

оспо́рить/оспа́ривать anfechten
s. o.

оспа́ривани|е Anfechtung
~ *чего́*

Образцы заметок и сообщений

64

1. *Кто* официа́льно вы́двинул [вы́ставил] свою́ кандидату́ру в президе́нты [на пост президе́нта] страны́. Голосова́ние в парла́менте пройдёт [состои́тся] *когда́.*

2. *Когда́ где* состоя́тся [пройду́т, бу́дут проведены́] вы́боры в *како́й о́рган.* В вы́борах уча́ствует [при́мет уча́стие] *ско́лько* па́ртий. На манда́ты претенду́ет *ско́лько* кандида́тов.

3. *Где* состоя́лись [прошли́, бы́ли проведены́] *каки́е* вы́боры [вы́боры в *како́й о́рган*]. По сообще́ниям из *како́го го́рода,* побе́ду одержа́ла [завоева́ла] *кака́я па́ртия.* Она набрала́ [собрала́] *ско́лько* проце́нтов голосо́в (избира́телей).

4. *Каки́е* вы́боры [Вы́боры в *како́й о́рган*] прошли́ [состоя́лись, бы́ли проведены́] *где.* По предвари́тельным да́нным, в вы́борах при́няли уча́стие [уча́ствовали] *ско́лько* проце́нтов избира́телей. Оконча́тельные результа́ты (вы́боров, голосова́ния) бу́дут опублико́ваны [бу́дут объя́влены] *когда́.*

5. Подведены́ ито́ги состоя́вшихся [проше́дших, проведённых] *когда́ где* вы́боров в *како́й о́рган* [*каки́х* вы́боров]. Кру́пного успе́ха доби́лась пра́вящая коали́ция *каки́х па́ртий.* Она́ завоева́ла [получи́ла] *ско́лько* из *ско́льких* мест в *како́м о́ргане.* Важне́йшие оппозицио́нные па́ртии – *каки́е* – получи́ли [завоева́ли] соотве́тственно *ско́лько* и *ско́лько* мест.

6. *Го́род, число́. (Аге́нтство).* Здесь официа́льно объя́влены [опублико́ваны] оконча́тельные результа́ты вы́боров в *како́й о́рган* [*каки́х* вы́боров], состоя́вшихся [проше́д-

ших, проведённых] *когда́.* Значи́тельного [кру́пного] успе́ха на них доби́лась *кака́я па́ртия,* набра́вшая [собра́вшая, завоева́вшая, получи́вшая] бо́лее *ско́льких* проце́нтов депута́тских мест [мест в *како́м о́ргане*].
За *каку́ю па́ртию* проголосова́ло [о́тдали голоса́] *ско́лько* проце́нтов избира́телей, за *каку́ю па́ртию – ско́лько ...*

Задания

а) Объясните значение термина *»пятипроце́нтный барье́р«.*

б) Обратите особое внимание на ударение в следующих словах. Образуйте словосочетания или предложения и произнесите их вслух.
вы́двинуть/выдвига́ть, выдвиже́ние, вы́ставить/выставля́ть

в) Проспрягайте. Составьте предложения со спрягаемыми формами.
- избра́ть, набра́ть, собра́ть, вы́двинуть
- вы́ставить, нару́шить, увели́чить
- призна́ть, признава́ть
- баллоти́роваться, голосова́ть, опротестова́ть, претендова́ть

г) Сравните. Объясните окончания слова *проце́нт.*

21 проце́нт	21,1	21,2	21,7	проце́нта
24 проце́нта	24,1	24,3	24,5	проце́нта
27 проце́нтов	27,1	27,4	27,8	проце́нта

д) Скажите, сколько процентов голосов собрали партии.
па́ртия А – 28,7%, па́ртия Б – 27,4%, па́ртия В – 23,5%,
па́ртия Г – 12,1%, па́ртия Д – 4,7%
■ Па́ртия Е собрала́ три и шесть деся́тых проце́нта (3,6%) голосо́в.

е) Сколько мест получили партии?
па́ртия А – 201, па́ртия Б – 133, па́ртия В – 69,
па́ртия Г – 52, па́ртия Д – 12

ж) Используя информацию о выборах, составьте по данным образцам ↗ 64 актуальные тексты.

1.4.3.7. Массовые выступления

вы́ступить/выступа́ть eintreten
Partei ergreifen; auftreten
единоду́шно ~, реши́тельно ~, твёрдо ~; ~ за мир и разря́дку, ~ за повыше́ние за́работной пла́ты, ~ за улучше́ние усло́вий труда́; ~ в защи́ту арестóванных, ~ в защи́ту заключённых, ~ в защи́ту интере́сов *кого́,* ~ в защиту ми́ра; ~ в подде́ржку патрио́тов, ~ в подде́ржку предложе́ния, ~ на стороне́ уча́стников *чего́,* ~ на стороне́ *како́го* наро́да; ~ про́тив *кого,* ~ про́тив кандидату́ры *кого́,* ~ про́тив неофаши́зма

выступле́ни|я *Pl.* Aktionen
антивое́нные ~, ма́ссовые ~, мо́щные ~, совме́стные ~, широ́кие ~; ~ пе́ред избира́телями; ~ проте́ста про́тив *чего́*, *s. o.*

движе́ни|е Bewegung
антивое́нное ~, антия́дерное ~, забасто́вочное ~, общенаро́дное ~; ~ в защи́ту гражда́нских прав, Движе́ние неприсоедине́ния, ~ проте́ста, ~солида́рности; включи́ться в ~ за *что* [про́тив *чего́*]

кампа́ни|я Kampagne
провести́ -ю, разверну́ть -ю; всеми́рная ~, избира́тельная ~, ма́ссовая ~, отчётно-вы́борная ~; ~ в защи́ту прав челове́ка, ~ по сбо́ру по́дписей под *чем*

а́кци|я Aktion
провести́ -ю, прекрати́ть -ю, руководи́ть -ей; кру́пная ~, миролюби́вая ~, мо́щная ~, сме́лая ~, ма́ссовые -и в защи́ту *чего́*; ~ проте́ста про́тив *чего́*

де́йстви|я *Pl.* Handlungen, Aktionen
предприня́ть ~, прекрати́ть ~; реши́тельные ~, совме́стные ~, согласо́ванные ~, успе́шные ~; ~ в защи́ту *чего́*; еди́нство -й, програ́мма -й

демонстра́ци|я Demonstration
вы́йти на -ю, провести́ -ю; ма́ссовая ~, ми́рная ~, многоты́сячная ~; ~ за мир; ~ про́тив войны́; ~ проте́ста про́тив *чего́*; ~ (в знак) солида́рности с *кем*

манифеста́ци|я Manifestation
провести́ -ю; мо́щная ~; ~ за *что*; ~ про́тив *чего́*; ~ (в знак) солида́рности с *кем*; ~ проте́ста про́тив *кого́/чего́*

марш Marsch
нача́ть ~, провести́ ~; голо́дный ~, звёздный ~; ~ (в защи́ту) *чего́*; ~ проте́ста про́тив *кого́/чего́*

похо́д Marsch
s. o.

ми́тинг Kundgebung, Meeting
провести́ ~; собра́ться на ~; антивое́нный ~, заключи́тельный ~, ма́ссовый ~, предвы́борный ~; ~ в защи́ту *чего́*; ~ дру́жбы, ~ проте́ста про́тив *кого́/чего́*; ~ (в знак) солида́рности с *кем*

забастова́ть in den Streik treten
s. u.

бастова́ть streiken
~, тре́буя [добива́ясь] *чего́*; ~, протесту́я про́тив *чего́*

забасто́вк|а Streik, Ausstand
нача́ть -у, объяви́ть -у, провести́ -у, прекрати́ть -у, пода́вить -у; всео́бщая ~, кратковре́менная ~, ма́ссовая ~, предупреди́тельная ~, сидя́чая ~; ~ проте́ста про́тив *кого́/чего́*; ~ солида́рности с *кем*; волна́ забасто́вок

голодо́вк|а Hungerstreik
объяви́ть -у, провести́ -у, прекрати́ть -у; ~ (в знак) проте́ста про́тив *кого́/чего́*

ло́зунг Losung
вы́двинуть ~, нести́ ~, сканди́ровать ~; предвы́борный ~; ~ забасто́вки; ~ за *что*; ~ про́тив *чего́*; под -ом ...

да *чему́* ja
»Да – ми́ру на земле́!«

за *что* für
»За безопа́сность и сотру́дничество!«

ру́ки прочь Hände weg
~ от *кого́* [*како́й страны́*]

доло́й *кого́/что* Nieder
»Доло́й войну́!«

нет *чему́* nein
»Нет я́дерным испыта́ниям!«

позóр *комý* Schande
»Позóр агрéссорам [захвáтчикам, оккупáнтам]!«

приня́ть/принимáть мéры
Maßnahmen ergreifen
~ по отношéнию к демонстрáнтам [манифестáнтам, забастóвщикам, учáстникам *чегó*]; ~ в отношéнии демонстрáнтов …

разогнáть/разгоня́ть
gewaltsam auflösen
~ демонстрáцию, ~ манифестáцию, ~ марш, ~ ми́тинг

разгóн gewaltsame Auflösung
~ демонстрáции …, *s. o.*

столкновéни|я *Pl.* Zusammenstöße
дойти́ до -й, привести́ к -ям; серьёзные ~, си́льные ~; ~ мéжду демонстрáнтами [манифестáнтами, забастóвщиками, учáстниками *чегó*] и поли́цией [полицéйскими, мили́цией, отря́дами вну́тренних войск]

распрáвиться/расправля́ться с *кем*
brutal vorgehen
жестóко ~ с демонстрáнтами …

распрáв|а над *кем* brutales Vorgehen
произвести́ -у, устрóить -у, учини́ть -у; жестóкая ~, кровáвая ~; ~ над демонстрантами …, ↗ **столкновéния**

примени́ть/применя́ть anwenden
~ для разгóна демонстрáнтов [манифестáнтов] *что*; ~ водомёты, ~ дуби́нки, ~ слезоточи́вый газ, ~ плáстиковые пу́ли, ~ огнестрéльное орýжие

применéни|е Anwendung
~ водомётов …, *s. o.*

откры́ть/открывáть огóнь по *комý*
das Feuer eröffnen
~ из автомáтов; ~ по демонстрáнтам [по манифестáнтам]

рáнить *v. und uv.*
verletzen, verwunden
~ в результáте *чегó*; тяжелó ~, смертéльно ~

рáнен|ый Verletzter, Verwundeter
s. o.

ранéни|е Verletzung, Verwundung
получи́ть ~; тяжёлое ~, *s. o.*

уби́ть/убивáть töten, ermorden
в результáте *чегó* ~; ~ вы́стрелами [пу́лями] из автомáта, ~ гранáтой, ~ плáстиковой пу́лей

уби́йств|о *когó* Ermordung, Mord
соверши́ть ~; жестóкое ~; мáссовое ~, *s. o.*

поги́бнуть, поги́б, -ла, -ло, -ли/
погибáть umkommen
в результáте *чегó* ~; траги́чески ~; ~ от рук *когó*

ги́бел|ь, -и Tod
привести́ к -и, *s. o.*

чрезвычáйн|ое положéни|е
Ausnahmezustand
ввести́ ~, объяви́ть ~, установи́ть ~, отмени́ть ~; в услóвиях -ого -я

Образцы заметок и сообщений

1. *Скóлько* ты́сяч человéк [жи́телей *какóго гóрода*, студéнтов, трудя́щихся] провели́ *где какóй [-у́ю]* ми́тинг [марш, демонстрáцию, манифестáцию]. Учáстники несли́ лóзунги [плакáты, транспарáнты] прóтив [в поддéржку] *когó [чегó].*

2. *Где* состоя́лась *кака́я* демонстра́ция [манифеста́ция]. Её организова́л *кто*. »...«. С таки́ми транспара́нтами [ло́зунгами, плака́тами] коло́нны демонстра́нтов [манифеста́нтов] прошли́ по центра́льным у́лицам го́рода.

3. *Како́й [-а́я]* ми́тинг [марш, демонстра́ция, манифеста́ция] состоя́лся [-лась] *где*. Он [Она́] был [-а́] организо́ван [-а] по инициати́ве [по призы́ву, по реше́нию] *кого́*. О́коло [Бо́лее, Свы́ше] *ско́льких* ты́сяч челове́к собрали́сь *где*, что́бы протестова́ть про́тив *чего́* [тре́бовать *чего́*, осуди́ть *что*, поддержа́ть *что*, вы́разить *что*, заяви́ть о *чём*].

4. *Кото́рую* неде́лю [*кото́рый* ме́сяц] продолжа́ется забасто́вка [ста́чка] *кого́*. Басту́ющие [забасто́вщики] тре́буют [добива́ются, протесту́ют про́тив] *чего́*. К ним в знак солида́рности присоедини́лись ... .

5. *Кака́я* страна́ охва́чена всео́бщей забасто́вкой. Она́ прово́дится по реше́нию [по призы́ву, по инициати́ве] профсою́зов. Гла́вное тре́бование басту́ющих [забасто́вщиков] – *что*.
Забасто́вка [Ста́чка] вы́звана *чем*. Причи́ной явля́ется *что*. *Когда́ где* басту́ющие [забасто́вщики] организова́ли марш и ми́тинги [манифеста́ции], призыва́я *кого́* к *чему́ [что сде́лать]*.

Задания

а) Запомните ударение в следующих словах. Сравните ударение в этих словах с ударением в соответствующих глаголах совершенного вида. Придумайте с названными словами словосочетания или предложения и произнесите их вслух.
выступа́ть, выступле́ние, выдвига́ть, выдвиже́ние, выходи́ть

б) Проспрягайте следующие глаголы: *бастова́ть, протестова́ть, сканди́ровать, тре́бовать*. Составьте с ними короткие предложения в настоящем времени.

в) Используя событийные глаголы ↗ 13–16, составьте сочетания со следующими существительными.
кампа́ния, демонстра́ция, манифеста́ция, ми́тинг, забасто́вка
■ марш: состоя́лся ~, начался́ ~, ...

г) Найдите однокоренные глаголы. Придумайте с ними предложения.
де́йствие, демонстра́ция, марш, ми́тинг, столкнове́ние, уда́р

д) Какими общеупотребительными словами мотивированы существительные *голодо́вка и забасто́вка*?

е) На основе информации о последних массовых выступлениях составьте по данным образцам ↗ 69 актуальные тексты.

1.5. Новости социально-экономической жизни

Село готовится к рынку

За новый рынок
НЬЮ-ЙОРК, 26. (ТАСС).
Представители малого и

На пути к рынку

ЭКОЛОГИЯ. ГОРЯЧИЕ ТОЧКИ

ЗДОРОВЬЕ ПЛАНЕТЫ
Вопросы ставит океан

РЕНТАБЕЛЬНО, НО...

В ЗАЩИТУ ЧЕЛОВЕКА

Телефон... против никотина

Советско-британская торговля

Встреча с финансистами

Как вести бизнес в СССР

1.5.1. Участники

71

заво́д Werk, Betrieb
автомоби́льный ~, металлурги́ческий ~; ~ железобето́нных изде́лий, ~ сельскохозя́йственных маши́н; *Präp.* на -е

предприя́ти|е Unternehmen, Betrieb
перераба́тывающее ~, совме́стное сове́тско-австри́йское ~; ~ лёгкой (тяжёлой) промы́шленности; *Präp.* на -и

фа́брик|а Fabrik
бума́жная ~, конди́терская ~, шве́йная ~; ~ пищево́й промы́шленности; *Präp.* на -е

кооперати́в Kooperative, Genossenschaft
жили́щно-строи́тельный ~, сельскохозя́йственный ~, торго́вый ~; ~ аренда́торов, ~реме́сленников

мастерск|а́я Werkstatt, Werkabteilung
реме́сленная ~, ремо́нтная ~, ча́стная ~, эксперимента́льная ~; ~ бытово́й те́хники; ~ по изготовле́нию музыка́льных инструме́нтов

сало́н Salon
но́вый ~, фи́рменный ~; ~ -парикма́херская; ~ по прода́же маши́н [оде́жды]; автосало́н

стро́йк|а Bau, Bauplatz
промы́шленная ~

цех
Produktionsabteilung, Werkhalle
заводско́й ~; ~ мастерско́й, ~ фа́брики

ша́хт|а Bergwerk, Schacht, Grube
каменноуго́льная ~; в -е

име́ни|е Gut
наро́дное ~, ча́стное ~

колхо́з Kollektivwirtschaft, Kolchos
бога́тый ~, бе́дный ~, кру́пный ~

совхо́з Staatsgut, Sowchose
животново́дческий ~, зерново́й ~, чаево́дческий ~

фе́рм|а Farm
животново́дческая ~, колхо́зная ~

хозя́йств|о Wirtschaft
индивидуа́льное ~, крестья́нское ~, ли́чное подсо́бное ~

фи́рм|а Firma
зарубе́жная ~, иностра́нная ~, торго́вая ~; агрофи́рма

компа́ни|я Gesellschaft, Company
инвестицио́нная ~, авиатра́нспортная ~, пароходная ~, тра́нспортная ~

конце́рн Konzern
кру́пный ~; объедини́ться в ~

това́риществ|о Gesellschaft
акционе́рное ~

72

владе́лец Besitzer, Eigentümer
~ фа́брики, ~ фи́рмы, ~ хозя́йства

дире́ктор Direktor
генера́льный ~; ~ заво́да, ~ фа́брики, ~ совхо́за; рабо́тать -ом

ме́неджер Manager
~ предприя́тия, ~ фи́рмы; стать -ом

нача́льник Leiter, Chef
но́вый ~; ~ це́ха, ~ отде́ла, ~ уча́стка; назна́чить -ом

предпринима́тел|ь Unternehmer
акти́вный ~, ча́стный ~; стать -ем

председа́тел|ь Vorsitzender
[не]о́пытный ~; ~ колхо́за; избра́ть но́вого -я; рабо́тать -ем

производи́тел|ь Hersteller
~ изде́лий, ~ проду́ктов пита́ния; товаропроизводи́тель; рабо́тать -ем

аренда́тор Pächter
~ колхо́за; коллекти́в -ов

бизнесме́н Geschäftsmann
акти́вный ~; стать -ом

коопера́тор Genossenschaftler
торго́вый ~; ~ се́льского хозя́йства

рабо́тник Arbeiter, Werktätiger
наёмный ~, [не]о́пытный ~; ~ промы́шленности, ~ се́льского хозя́йства, ~ торго́вли, ~ тра́нспорта, ~ сфе́ры обслу́живания

рабо́тниц|а Arbeiterin
наёмная ~; ~ фа́брики

рабо́ч|ий Arbeiter
~ автомоби́льного заво́да, ~ совхо́за, ~ тексти́льной фа́брики

специали́ст Spezialist
о́пытный ~, отли́чный ~; ~ по автомоби́лям, ~ по се́льскому хозя́йству

трудя́щ|иеся Werktätige
~ го́рода и дере́вни, ~ ра́зных стран

Задания

а) Найдите в словаре и объясните разницу между словами *стро́йка* и *строи́тельство.* Приведите примеры.

б) Употребите следующие слова с предлогами *в* или *на.* Образуйте предложения.
предприя́тие, заво́д, фа́брика, цех, стро́йка, колхо́з, фе́рма, ша́хта, мастерска́я

в) Образуйте множественное число от следующих слов. Приведите словосочетания.
предприя́тие, объедине́ние, цех, мастерска́я, хозя́йство, рабо́чий, дире́ктор, крестья́нин

г) Кто работает кем? Образуйте предложения, употребляя названия профессий.
шахтёр, то́карь, рабо́тница, ткачи́ха, нефтя́ник, строи́тель, животново́д, реме́сленник

д) Назовите однокоренные слова.
мастерска́я, това́рищество, трудя́щиеся, предприя́тие

е) Переведите следующие слова. Из каких элементов они образованы?
земледе́лец, птицево́д, садово́д, растениево́д, стальева́р,
колхо́з, совхо́з

ж) Образуйте прилагательные от следующих слов и примените их в словосочетаниях.
колхо́з, фа́брика, заво́д, кооперати́в

1.5.2. Основные проблемы – экономические, социальные и экологические

1.5.2.1. Общие проблемы

обеспе́чени|е Sicherung
материа́льное ~, пенсио́нное ~;
~ това́рами; ~ снабже́ния населе́ния

облегче́ни|е Erleichterung
дальне́йшее ~, заме́тное ~; ~ дома́шнего труда́, ~ усло́вий труда́

повыше́ни|е Erhöhung
значи́тельное ~, постепе́нное ~;
~ жи́зненного у́ровня, ~ ка́чества проду́кции, ~ производи́тельности труда́, ~ эффекти́вности произво́дства

прекра́щени|е Stopp, Einstellung
неме́дленное ~; ~ произво́дства, ~ загрязне́ния воды́ [во́здуха, приро́ды, рек]

преобразова́ни|е Veränderung
~ нало́говой [ба́нковской, креди́тно-фина́нсовой, экономи́ческой] систе́мы

преодоле́ни|е Überwindung
после́довательное ~, реши́тельное ~;
~ администрати́вных ме́тодов, ~ кома́ндно-администрати́вной систе́мы, ~ засто́я (засто́йных явле́ний), ~ механи́змов торможе́ния

разви́ти|е Entwicklung
всесторо́ннее ~, высо́кое ~, экономи́ческое ~; ~ наро́дного хозя́йства, ~ промы́шленности, ~ се́льского хозя́йства, ~ строи́тельства, ~ эконо́мики

реше́ни|е Lösung
~ жили́щного вопро́са [жили́щной пробле́мы], ~ продово́льственной пробле́мы, ~ социа́льных вопро́сов [пробле́м]

снабже́ни|е Versorgung
продово́льственное ~; ~ проду́ктами; пробле́ма -я, вопро́с -я; ~ населе́ния; улу́чшить ~

сниже́ни|е Senkung
дальне́йшее ~, заме́тное ~; ~ заболева́емости, ~ себесто́имости проду́кции, ~ цен на това́ры

сокраще́ни|е Kürzung
ре́зкое ~; ~ сро́ков строи́тельства, ~ бюдже́тного дефици́та, ~ капиталовложе́ний, ~ вое́нных расхо́дов, ~ расхо́дов [затра́т] на *что*, ~ управле́нческого аппара́та [администра́ции]

увеличе́ни|е Erhöhung
значи́тельное ~; ~ за́работной пла́ты [зарпла́ты], ~ национа́льного [реа́льного] дохо́да, ~ вы́пуска потреби́тельских това́ров, ~ произво́дства животново́дческой проду́кции, ~ минима́льной продолжи́тельности о́тпуска, ~ обще́ственных фо́ндов потребле́ния

уменьше́ни|е Verringerung
~ расхо́дов на произво́дство *чего́*, ~ сро́ков строи́тельства, ~ сто́имости произво́дства

ускоре́ни|е Beschleunigung
~ произво́дства това́ров наро́дного потребле́ния, ~ убо́рки урожа́я

1.5.2.2. Экономические проблемы

со́бственност|ь Eigentum
акционе́рная ~, госуда́рственная ~, земе́льная ~, кооперати́вная ~, ли́чная ~, ча́стная ~, наро́дная ~; ~ кооперати́ва ; разгосуда́рствление -и; переда́ть *что* в ча́стную ~; прода́жа *чего́* в ча́стную ~

рефо́рм|а Reform
экономи́ческая ~, социа́льная ~, агра́рная ~, промы́шленная ~, фина́нсовая ~, нало́говая ~; ~ здравоохране́ния, ~ ро́зничных цен; ~ в о́бласти *чего́*; осуществле́ние -ы, проведе́ние -ы

ры́нок Markt
вне́шний ~, вну́тренний ~, европе́йский ~, междунаро́дный ~, мирово́й ~, регули́руемый ~, свобо́дный ~, потреби́тельский ~, това́рный ~, валю́тный ~, де́нежный ~; ~ предме́тов потребле́ния, ~ това́ров, ~ сбы́та, ~спро́са и предложе́ния, ~ рабо́чей си́лы, ~ труда́; перейти́ [перехо́д] к ры́нку

ры́ночн|ая эконо́мик|а Marktwirtschaft
свобо́дная ~, социа́льная ~; перейти́ [перехо́д] к -ой -е

децентрализа́ци|я Dezentralisation
экономи́ческая ~; ~ произво́дства

заинтересо́ванност|ь Interessiertheit
ли́чная ~; ~ люде́й; ~ в рабо́те, ~ в повыше́нии *чего́*, ~ в сниже́нии *чего́*, ~ в увеличе́нии *чего́*

предприи́мчивост|ь Unternehmergeist
свобо́дная ~; поощря́ть ~, развива́ть ~

предпринима́тельств|о Unternehmertum
свобо́дное ~

би́знес Busineß, Geschäft
большо́й ~; шко́ла -а; занима́ться -ом

при́был|ь Profit, Gewinn
полу́ченная ~, сре́дняя ~, чи́стая ~; распределе́ние -и, увеличе́ние -и

конкуре́нци|я Konkurrenz
межо́траслевая ~; ~ ме́жду производи́телями [конце́рнами, предприя́тиями]

конкури́ровать konkurrieren
успе́шно ~; ~ с конце́рнами [предприя́тиями]; ~ на мирово́м [европе́йском] ры́нке

конкурентоспосо́бн|ый konkurrenzfähig
-ая проду́кция, -ое предприя́тие; ~ на мирово́м [европе́йском] ры́нке

самофинанси́ровани|е Eigenfinanzierung
по́длинное ~, по́лное ~; ~ в промы́шленности; ~ на заво́де [фа́брике, предприя́тии]; при́нцип -я, систе́ма -я, у́ровень -я, необходи́мость -я; перейти́ [перехо́д] к -ю; ввести́ ~; курс на ~

самостоя́тельност|ь Selbständigkeit
экономи́ческая ~; ~ колхо́за; ~ кооперати́ва, ~ предприя́тия

рента́бельност|ь Rentabilität
высо́кая ~, о́бщая ~; ~ произво́дства, ~ промы́шленности, ~ се́льского хозя́йства; ~ на заво́де; рост [подъём, у́ровень] -и

эконо́ми|я Sparsamkeit, Einsparung
постоя́нная ~, стро́гая ~; ~ де́нежных средств, ~ рабо́чего вре́мени, ~ ресу́рсов, ~ сырья́, ~ то́плива, ~ электроэне́ргии; режи́м -и; соблюда́ть -ю, стимули́ровать -ю

торго́вл|я Handel
вне́шняя ~, вну́тренняя ~, междунаро́дная ~; ~ маши́нами, ~ това́рами широ́кого спро́са, ~ ме́жду стра́нами; ~ с А́встрией [Герма́нией, Швейца́рией]; сфе́ра услу́г и -и

аре́нд|а Pacht
долгосро́чная ~, пожи́зненная ~; ~ земли́, ~ предприя́тия, ~ фе́рмы; при́нцип -ы, систе́ма -ы, усло́вия -ы; взять [переда́ть, сдать, предоста́вить] в -у

аре́ндн|ый Pacht-
~ догово́р, -ый подря́д, -ые отноше́ния

арендова́ть *v. und uv.* pachten
~ зе́млю, ~ зда́ние, ~ заво́д, ~ колхо́з

подря́д Vertrag
аре́ндный ~, бpartýдный ~, коллекти́вный ~, ли́чный ~, семе́йный ~; ~ на выра́щивание овоще́й; ви́ды [фо́рмы] -а, при́нцип -а, систе́ма -а, усло́вия -а; ввести́ ~, внедри́ть ~, заключи́ть ~, испо́льзовать ~; перейти́ на ~; работать на -е

подря́дн|ый Vertrags-, vertraglich
-ый ме́тод [спо́соб], -ая рабо́та, -ая фо́рма труда́

конве́рси|я Konversion
ма́ссовая ~; ~ вое́нной [оборо́нной] промы́шленности

1.5.2.3. Социальные проблемы

социа́льн|ый sozial
-ая защищённость, -ая уве́ренность, -ое обеспе́чение, -ое положе́ние, -о-бытовы́е усло́вия

защищённост|ь Geborgenheit, Sicherheit
социа́льная ~; ~ ма́тери и ребёнка, ~ населе́ния, ~ трудя́щихся; обеспе́чить ~

уве́ренност|ь Sicherheit, Zuversicht
социа́льная ~; ~ в за́втрашнем дне

бла́г|о Wohl
ли́чное ~, о́бщее ~, обще́ственное ~; ~наро́да, ~ челове́чества; на ~ *кого*

благосостоя́ни|е Wohlstand
высо́кое ~, ли́чное ~, материа́льное ~, наро́дное ~, обще́ственное ~, расту́щее ~; ~ о́бщества, ~ трудя́щихся

удовлетворе́ни|е Befriedigung
~ жи́зненных [материа́льных, народнохозя́йственных, расту́щих] потре́бностей наро́да [населе́ния, челове́ка], ~ расту́щих запро́сов, ~ спро́са покупа́телей на това́ры широ́кого потребле́ния [ширпотре́ба]

улучше́ни|е Verbesserung
заме́тное ~; ~ материа́льных и культу́рных усло́вий жи́зни, ~ продово́льственного обеспе́чения, ~ снабже́ния населе́ния, ~ усло́вий труда́ и жи́зни

77

жили́щн|ый Wohnungs-
~ вопро́с, -ое строи́тельство, -ое управле́ние; -ые [-о-бытовы́е] усло́вия

жил|о́й Wohn-
~ дом; -а́я пло́щадь [жилпло́щадь]; учёт и распределе́ние -о́й пло́щади [жилпло́щади]

зарпла́т|а Lohn
минима́льная ~, [не]по́лная ~, реа́льная ~, сре́дняя ~; повыше́ние -ы, сниже́ние -ы; получа́ть -у

пе́нси|я Rente, Pension
[не]больша́я ~, ни́зкая ~; ~ по инвали́дности, ~ по ста́рости, ~ по нетрудоспосо́бности; повыше́ние -и; получа́ть -ю; рабо́тать до -и; уйти́ на -ю

пенсио́нн|ый Renten-
~ во́зраст; -ое обеспе́чение

посо́би|е Unterstützung, Beihilfe
единовре́менное ~, де́нежное ~; ~ безрабо́тным, ~ многоде́тным се́мьям; ~ по безрабо́тице, ~ по боле́зни, ~ по вре́менной нетрудоспосо́бности; ~ на детей, ~ на ребёнка; выпла́чивать ~

страхова́ни|е Versicherung
госуда́рственное ~, социа́льное ~, пенсио́нное ~; ~ жи́зни, ~ дома́шнего иму́щества; ~ от несча́стных слу́чаев; заключи́ть ~

78

зави́симост|ь Abhängigkeit
[не]посре́дственная ~, полити́ческая ~, экономи́ческая ~; ~ *кого́* от *кого́*

засто́|й Stagnation
~ в обще́ственном разви́тии, ~ в эконо́мике; причи́ны -я, после́дствия -я, явле́ния -я

отста́лост|ь Rückständigkeit
обще́ственная ~, экономи́ческая ~; ~ промы́шленности, ~ се́льского хозя́йства, ~ эконо́мики; ~ в о́бласти *чего́*

ухудше́ни|е Verschlechterung
заме́тное ~, значи́тельное ~, дальне́йшее ~; ~ жи́зненного у́ровня, ~ усло́вий труда́, ~ положе́ния

бе́дност|ь Armut
~ *како́го* наро́да; жизнь в -и

бездо́мност|ь Obdachlosigkeit

безрабо́тиц|а Arbeitslosigkeit
дли́тельная ~, ма́ссовая ~, части́чная ~; ликвида́ция -ы; посо́бие по -е

безрабо́тн|ый arbeitslos; Arbeitsloser
части́чно ~; сою́з -ых; быть [стать] -ым

увольне́ни|е Entlassung
ма́ссовые -я; ~ без предвари́тельного предупрежде́ния; ~ с рабо́ты, ~ со слу́жбы

недоеда́ни|е Unterernährung
~ детей

нищет|а́ Elend
больша́я ~

наркома́ни|я Drogensucht
~ среди́ молодёжи

престу́пност|ь Kriminalität
организо́ванная ~; ~ несовершенноле́тних, ~ среди́ молодёжи

1.5.2.4. Экологические проблемы

79

эколо́ги|я Ökologie
вопро́сы -и, интере́сы -и

экологи́ческ|ий ökologisch
~ сове́т; -ое состоя́ние приро́ды; -ая обстано́вка

окружа́ющ|ая сред|а́ Umwelt
загрязнённость -ей -ы́; охра́на [защи́та] -ей -ы́; охраня́ть -ую -у́, защища́ть -ую -у́

загрязне́ни|е Verschmutzung
~ во́здуха, ~ окружа́ющей среды́, ~ приро́ды, ~ рек

загрязнённост|ь Verschmutzung
больша́я ~; ~ рек и озёр [воды́, во́здуха]; ~ радиоакти́вными вещества́ми; следи́ть за -ью

защи́т|а Schutz
~ живо́тных, ~ окружа́ющей среды́; ме́ры по -е приро́дных бога́тств

охра́н|а Schutz
~ во́дных ресу́рсов, ~ живо́тного ми́ра, ~ лесо́в, ~ озёр, ~ окружа́ющей среды́, ~приро́ды

сохране́ни|е Erhaltung, Bewahrung
~ приро́дных бога́тств, ~ эне́ргии; ~ в чистоте́ во́здуха и воды́

чистот|а́ Sauberkeit
~ воды́, ~ во́здуха, ~ го́рода; доби́ться -ы́; сохрани́ть -у́

очистн|о́е обору́довани|е Säuberungsanlage
совреме́нное ~; произво́дство -о́го -я

Задания

а) Скажите, в чём состоит смысловое различие между прилагательными в словосочетаниях. Употребите эти слова в предложениях.
жилы́е дома́, жили́щные усло́вия, жили́щное строи́тельство

б) Из каких элементов образованы следующие слова?
безрабо́тица, зарпла́та

в) Вспомните и/или найдите с помощью словаря слова с *са́мо-* и *взаимо-*.
Переведите и употребите их в предложениях.

г) Образуйте глаголы от следующих существительных. Составьте с этими глаголами словосочетания.
ликвида́ция, облегче́ние, повыше́ние, реше́ние, сниже́ние, защи́та, сокраще́ние, удовлетворе́ние, уменьше́ние
■ улучше́ние – улу́чшить/улучша́ть

д) С какими глаголами могут сочетаться следующие существительные?
бережли́вость, заинтересо́ванность, рефо́рма, ры́нок, чистота́
■ эконо́мия: обеспе́чить/обеспе́чивать -ю, соблюда́ть -ю, стимули́ровать -ю

e) Замените глаголы существительными.
- ■ улу́чшить жили́щные усло́вия – улучше́ние жили́щных усло́вий
- обеспе́чить самостоя́тельность предприя́тий
- удовлетвори́ть потре́бности населе́ния
- повы́сить пе́нсии по ста́рости
- **охраня́ть окружа́ющую среду́**
- сохраня́ть чистоту́ во́здуха

1.5.3. Производственный процесс и его результаты

труд Arbeit
земледе́льческий ~, крестья́нский ~;
~ земледе́льцев, ~ крестья́н, ~ рабо́чих;
любо́вь к -у́

коли́честв|о Anzahl; Quantität
[не]доста́точное ~, значи́тельное ~,
огро́мное ~, ма́лое ~; ~ проду́ктов,
~ това́ров наро́дного [широ́кого] по-
требле́ния; увели́чить ~

ка́честв|о Qualität
высо́кое ~, отли́чное ~, ни́зкое ~,
плохо́е ~; ~ изде́лий, ~ проду́кции, ~
рабо́ты; тре́бовать -а; отвеча́ть за ~;
контро́ль за -ом

произвести́/производи́ть produzieren
~ автомоби́ли, ~ о́бувь, ~ оде́жду, ~
телеви́зоры, ~ электроэне́ргию

произво́дств|о Produktion
промы́шленное ~, ма́ссовое ~, сери́й-
ное ~; ~ предме́тов потребле́ния, ~
тка́ней, ~ това́ров ма́ссового спро́са;
нала́дить ~, разверну́ть ~, расши́рить
~, сократи́ть ~

вы́пустить/выпуска́ть produzieren
~ ме́бель, ~ проду́кцию, ~ станки́,
↗ **произвести́/производи́ть**

вы́пуск Produktion, Ausstoß
ма́ссовый ~, сери́йный ~; ~ морози́ль-
ников, ~ видеокассе́т, ~ видеомагнито-
фо́нов, ↗ **произво́дство;**
нача́ть ~, сократи́ть ~, увели́чить ~
уме́ньшить ~

изгото́вить/изготовля́ть herstellen
↗ **произвести́/производи́ть** *и* **вы́пустить/
выпуска́ть**

изготовле́ни|е Herstellung
↗ **произво́дство** *и* **вы́пуск**

добы́ть/добыва́ть fördern, gewinnen
~ желе́зную руду́, ~ ка́менный у́голь,
~ нефть, ~ (приро́дный) газ, ~ сырьё

добы́ч|а Förderung, Gewinnung
~ желе́зной руды́, *s. o.*

загото́вк|а Bereitstellung
~ кормо́в, ~ хле́ба, ~ сельскохозя́й-
ственных проду́ктов

(по)се́ять säen
~ пшени́цу, ~ рожь, ~ цветы́

посе́в Aussaat
вре́мя -а; зерно́ для -а; ~ пшени́цы, *s. o.*

урожа́|й Ernte
бога́тый ~, высо́кий ~, ни́зкий ~;
~ ри́са, ~ карто́феля; получи́ть
како́й ~, собра́ть *како́й* ~

собра́ть/собира́ть ernten, einbringen
~ о́вощи; ~ бога́тый [высо́кий] урожа́й хле́ба Getreideernte

убра́ть/убира́ть ernten, einbringen
~ рожь, ~ урожа́й с поле́й

убо́рк|а Ernte(einbringung)
~ карто́феля, ~ овоще́й, ~ урожа́я; вы́йти на -у; нача́ть -у, заверши́ть -у

83

доби́ться/добива́ться *чего́*
erreichen, erzielen
~ высо́кого ка́чества проду́кции, ~ высо́кого урожа́я, ~ повыше́ния *чего́,* ~ увеличе́ния *чего́,* ~ улучше́ния *чего́,* ~ сниже́ния *чего́,* ~ сокраще́ния *чего́,* ~ уменьше́ния *чего́*

(вы́)расти́
(an)wachsen, steigen, zunehmen
~ за *како́й пери́од [срок];* ~ в два [три, четы́ре] ра́за, ~ в пять [шесть ...] раз; ~ на (um) 21 проце́нт [22 проце́нта, 25 проце́нтов]; ~ на (um) *ско́лько* рубле́й [тонн, це́нтнеров Dezitonnen штук]; ~ с *чего́* до *чего́* (von ... auf); ~ вдво́е [втро́е, вчётверо, впя́теро]; ~ намно́го

возрасти́/возраста́ть (an)wachsen, steigen, zunehmen

повы́ситься/повыша́ться sich erhöhen, steigen

увели́читься/увели́чиваться sich vergrößern, steigen

сни́зиться/снижа́ться zurückgehen, fallen

уме́ньшиться/уменьша́ться sich verringern

соста́вить/составля́ть betragen
~ *ско́лько* проце́нтов [рубле́й, тонн, це́нтнеров, килогра́ммов, штук]; ~ по сравне́нию с про́шлым го́дом [с тем же пери́одом про́шлого го́да]

проце́нт Prozent
повы́сить [увели́чить, сни́зить, уме́ньшить] *что* на (um) 31 ~ [33 -а, 37 -ов]

рубл|ь Rubel
повы́сить [увели́чить, сни́зить, сократи́ть, уме́ньшить] *что* на (um) *ско́лько* -е́й

то́нн|а Tonne
... 1 ~ [... 3 -ы, ... 5 тонн] зерна́ [у́гля́, хло́пка]

це́нтнер Dezitonne, Doppelzentner
... 1 ~ [... 4 -а, ... 6 -ов] зерна́ [карто́феля, овоще́й]; *ско́лько* -ов *чего́* с гекта́ра

поста́вить/поставля́ть liefern
~ това́ры, ~ *ско́лько* молока́ [мя́са, овоще́й, фру́ктов, я́год]; ~ *что* в срок

поста́вк|а Lieferung
госуда́рственные -и, обяза́тельные -и; ~ това́ров для наро́да, ~ сырья́, *s. o.;* обеспе́чить -у *чего́*

сдать/сдава́ть liefern
~ *каку́ю сельскохозя́йственную проду́кцию* госуда́рству

прода́ть/продава́ть verkaufen
~ *каки́е* това́ры [проду́кты] госуда́рству [населе́нию]

прода́ж|а Verkauf
s. o.

Образцы заметок и сообщений

85

1. Това́ров лёгкой промы́шленности произведено́ на *ско́лько* рубле́й, что на *ско́лько* проце́нтов бо́льше [ме́ньше] пе́рвого полуго́дия *како́го* го́да.

2. Зако́нчилась убо́рка урожа́я *чего́ где.* В це́лом урожа́й со́бран бо́лее чем с *ско́льких* гекта́ров.

3. Приро́ст произво́дства мя́са соста́вил *ско́лько* ты́сяч тонн, ма́сла – *ско́лько* ты́сяч тонн, яи́ц – *ско́лько* миллио́н штук. Сниже́ние произво́дства *чего́* допу́щено *где.*

4. Не удовлетворя́ется спрос населе́ния на *что [каки́е това́ры].* Хотя́ прода́жа *чего́* возросла́ на *ско́лько* проце́нтов, спрос на э́ти това́ры по-пре́жнему не удовлетворя́ется. Поку́пка в запа́с се́мьями *чего́ [каки́х това́ров]* возросла́.

5. То́лько за *ско́лько* ме́сяцев ны́нешнего го́да увели́чились це́ны на *что.* Це́ны на *что* повы́сились в два раза. В полтора́ – два, а кое-где в 4–5 раз возросли́ це́ны на *что.* Це́ны на *что* сни́зились.

Задания

86

а) Найдите существительные от следующих глаголов. Используйте их в словосочетаниях.
выполнить, заверши́ть, изгото́вить, производи́ть, прода́ть, убра́ть

б) Образуйте прошедшее время от глагола *возрасти́* и примените эту форму со следующими словами.
добы́ча у́гля́, расхо́ды сырья́, произво́дство това́ров широ́кого потребле́ния, поста́вки мя́са и молока́, урожа́й хло́пка, прода́жа хле́ба

в) Образуйте предложения с глаголом *доби́ться/добива́ться.* Используйте следующие словосочетания.
хоро́шие результа́ты, высо́кое ка́чество изде́лий, бы́строе выполне́ние зака́за, заверше́ние жа́твы, высо́кий урожа́й хле́ба

г) Обратите внимание на употребление дробных числительных. Прочитайте следующие примеры.
- ■ 65,7 миллиа́рда штук яи́ц – шестьдеся́т пять и семь деся́тых миллиа́рда штук яи́ц
- – 41,2 це́нтнера зерна́
- – 16,3 проце́нта промы́шленного произво́дства
- – 24,9 миллио́на тонн овоще́й
- – 11,5 миллио́на тонн плодо́в и я́год
- – 14,7 килогра́мма ма́сла
- – 96,2 килогра́мма мя́са

д) Обратите внимание на употребление предлогов *в, на* и *с, до* с цифрами.
- увели́чить(ся)/увели́чивать(ся) в (um) 2 раза [5 раз]
- уме́ньшить(ся)/уменьша́ть(ся) на (um) 25 проце́нтов
- возрасти́/возраста́ть с (von) 335 до (auf) 355 штук

Дополните предложения, употребляя факты, данные в скобках.
- Це́ны увели́чились (um das 1,2fache, um das Doppelte, um 19%, 22%).
- Це́ны на карто́фель возросли́ (um das 4- bis 5fache, um das Dreifache).
- О́вощи подорожа́ли (um 29%, um 22%).
- Объём проду́кции уме́ньшился (um 4%, um 7,2%, um 30%).
- Годово́е потребле́ние на ду́шу населе́ния с 1949 го́да возросло́ (von 21 auf 100,2 kg Fleisch, von 3,5 auf 14,9 kg Butter, von 55 auf 305 Stück Eier).

е) Используя информацию о трудовой деятельности, составьте по данным образцам ↗ 85 актуальные тексты.

1.5.4. Пуск новых объектов, внедрение современной технологии

примени́ть/применя́ть anwenden
успе́шно ~, широко́ ~; ~ передово́й о́пыт, ~ *что* на пра́ктике, ~ *что* при иссле́довании [при обрабо́тке] *чего́*

примене́ни|е Anwendung
успе́шное ~, широ́кое ~; ~ автоматизи́рованных ли́ний, ~ компью́теров, ~ микроэлектро́ники, ~ ро́ботов, *s. o.*

ввести́/вводи́ть в де́йствие [в эксплуата́цию]
in Betrieb nehmen
~ но́вый заво́д, ~ но́вую фа́брику, ~ но́вую ша́хту

ввод в де́йствие [в эксплуата́цию]
Inbetriebnahme
~ *чего́, s. o.*

пусти́ть/пуска́ть (в действие, в ход)
in Betrieb nehmen
~ но́вый объе́кт [стано́к, заво́д], ~ но́вую фа́брику [электроста́нцию]

пуск Inbetriebnahme
s. o.

вступи́ть/вступа́ть в строй
den Betrieb aufnehmen

установи́ть/устана́вливать
installieren
~ компью́теры, ~ ро́боты, ~ электро́нно-вычисли́тельные маши́ны, ~ но́вое обору́дование

устано́вк|а Installation
s. o.

(по)стро́ить bauen
~ железнодоро́жный мост, ~ но́вые жилы́е дома́, ~ перераба́тывающее предприя́тие

ремо́нт Reparatur, Renovierung
~ кварти́р, ~ сельскохозя́йственных маши́н; нача́ть ~, зако́нчить ~; закры́ть на ~; мастерска́я по -у; ка́чество -а

(от)ремонти́ровать
reparieren, renovieren
~ кварти́ру, ~ комба́йн, ~ доро́гу

модернизи́ровать *v. und uv.*
modernisieren
~ кварти́ры, ~ произво́дство, ~ фа́брику, ~ те́хнику

модерниза́ция Modernisierung
s. o.

реконструи́ровать *v. und uv.*
rekonstruieren
~ жило́й райо́н, ~ зда́ние, ~ ста́рые дома́, ~ цех, ~ ша́хту

реконстру́кци|я Rekonstruktion
s. o.; нача́ть -ю, заверши́ть -ю

(у)соверше́нствовать vervollkommnen
~ произво́дство, ~ техни́ческое обору́дование, ~ систе́му управле́ния

усоверше́нствовани|е Vervollkommnung
s. o.

испо́льзовать *v. und uv.* nutzen
~ а́томную э́нергию в ми́рных це́лях, ~ микроэлектро́нику, ~ ро́боты, ~ совреме́нную те́хнику, ~ электро́нную те́хнику

испо́льзовани|е Nutzung
s. o.

осво́ить/осва́ивать
meistern, sich aneignen
~ информа́тику, ~ но́вую аппарату́ру, ~ но́вые ме́тоды, ~ но́вую проду́кцию, ~ передово́й о́пыт, ~ техноло́гию произво́дства

освое́ни|е Meisterung, Aneignung
s. o.

89

внедри́ть/внедря́ть einführen
~ прогресси́вные ме́тоды управле́ния, ~ совреме́нную техноло́гию

внедре́ни|е Einführung
s. o.

автоматизи́рованн|ый automatisiert
-ая систе́ма управле́ния произво́дством, -ое проекти́рование, -ое конструи́рование

компью́тер Computer
бортово́й ~, персона́льный ~; -ы разли́чного ти́па; вы́пуск -ов; програ́ммы для -ов

обору́довани|е Ausrüstung
совреме́нное ~, специа́льное ~, очистно́е ~, техни́ческое ~; ~ лаборато́рии, ~ предприя́тия, ~ мастерско́й

ро́бот Roboter
индустриа́льный ~, промы́шленный ~; произво́дство -ов

техноло́ги|я Technologie
передова́я ~, прогресси́вная ~, отста́лая ~

электро́нно-вычисли́тельн|ый EDV-
-ая маши́на [ЭВМ]; составля́ть програ́ммы для ЭВМ; внедри́ть ЭВМ

электро́нн|ый elektronisch
~ прибо́р; -ая те́хника

Образцы заметок и сообщений

1. *Где* вступи́л в строй *како́й* заво́д. Это совме́стное сове́тско-*како́е* предприя́тие. Оно́ бы́ло постро́ено в коро́ткий срок – всего́ за *ско́лько* ме́сяцев и отлича́ется высо́ким у́ровнем автоматиза́ции.

2. На *како́м* заво́де состоя́лся пуск но́вой автомати́ческой ли́нии. Её смонти́ровали сотру́дники препри́ятия совме́стно со специали́стами из *како́й страны́.*

3. За пе́рвое полуго́дие на реконстру́кцию [строи́тельство, модерниза́цию] *чего* испо́льзовано *ско́лько* рубле́й.

4. Ка́ждые *ско́лько* секу́нд [мину́т] схо́дят с конве́йера заво́да *где каки́е* бытовы́е маши́ны. Маши́ны но́вых моде́лей почти́ вдво́е ле́гче свои́х предше́ственниц, потребля́ют ме́ньше эне́ргии и воды́. В них применя́ется микроэлектро́нное управле́ние.

5. Начина́я с *како́го* го́да *где* постро́ено за́ново или модернизи́ровано *ско́лько* кварти́р [жилы́х домо́в]. *Ско́лько* жи́телей получи́ли совреме́нное жильё.

6. *Где* устана́вливается совреме́нное обору́дование, меня́ется техноло́гия произво́дства. До *како́го* го́да на предприя́тиях *како́й о́трасли* наме́чено созда́ть *ско́лько* автоматизи́рованных рабо́чих мест на ба́зе персона́льных компью́теров. Внедре́ние *чего́* помо́жет [помога́ет] не то́лько повы́сить ка́чество проду́кции и лу́чше испо́льзовать сырьё, но и улу́чшить усло́вия труда́.

7. Интере́сами эколо́гии продикто́ван перево́д *како́й* ГРЭС на бо́лее чи́стый вид то́плива. *Когда́* котёл после́днего из трёх энергобло́ков на́чал рабо́тать на приро́дном га́зе.

8. Эколо́гия всё бо́льше стано́вится *где* вы́годным и популя́рным би́знесом. Аппарату́ра по контро́лю за загрязнённостью *чего́*, очистны́е устано́вки, мусоросжига́тели, ли́нии по перерабо́тке бытовы́х и промы́шленных отхо́дов – всё это привлека́ет внима́ние *кого́* [*каки́х* предприя́тий].

Задания

91

а) Обратите внимание на спряжение глаголов. Придумайте предложения.
модерни́зировать, (от)ремонти́ровать, (у)соверше́нствовать, реконструи́ровать
■ В сле́дующем году́ строи́тели модернизи́руют э́то зда́ние.

б) Найдите глаголы от следующих существительных. Придумайте с ними предложения.
примене́ние, внедре́ние, освое́ние, испо́льзование
■ устано́вка – установи́ть/устана́вливать
В це́хе устана́вливают но́вые станки́.

в) Образуйте от данных глаголов совершенного вида краткую форму страдательного причастия. Приведите сочетания.
внедри́ть, испо́льзовать, установи́ть, постро́ить, отремонти́ровать
■ осво́ить – осво́ен, -а, -о, -ы
была́ [будет] осво́ена но́вая техноло́гия

г) На основе информации о пуске новых объектов и о внедрении современной технологии составьте по данным образцам ↗ 90 актуальные тексты.

1.6. Новости культурной жизни

Музыкальные рекорды

В МАСТЕРСКОЙ ХУДОЖНИКА

Встреча с деятелями культуры

НОВОСТИ КУЛЬТУРЫ
•
ЛИТЕРАТУРНАЯ АФИША

Шедевры искусства и рынок

Наш собеседник — писатель

1.6.1. Участники

92

де́ятел|ь Schaffender, Künstler
изве́стный ~; ~ культу́ры, ~ иску́сств; Сою́з театра́льных -ей СССР

исполни́тел|ь Darsteller, Künstler
зарубе́жный ~; ~ гла́вной ро́ли, ~ музыка́льного произведе́ния, ~ та́нца

ма́стер Meister
настоя́щий ~; зарубе́жные -а́; ~ рису́нка, ~ сове́тского кино́; конце́рт -о́в

организа́тор Organisator
~ вы́ставки, ~ фестива́ля; быть -ом; по инициати́ве -ов

созда́тел|ь Schöpfer
~ карти́ны, ~ произведе́ния, ~ фи́льма

худо́жник Künstler, Maler
вели́кий ~; ~ -карикатури́ст; карти́на изве́стного -а, мастерска́я -а; произведе́ния молоды́х -ов

худо́жница Künstlerin
s. o.

93

а́втор Autor, Komponist
зарубе́жный ~; ~ му́зыки, ~ па́мятника, ~ популя́рных пе́сен; произведе́ния -а, рома́н изве́стного -а; встре́ча с -ом; познако́миться с -ом

драмату́рг Bühnenautor
~ теа́тра; пье́са изве́стного -а

писа́тел|ь Schriftsteller
де́тский ~; произведе́ния -я, собра́ние сочине́ний -я, спекта́кль по кни́ге -я

писа́тельниц|а Schriftstellerin
s. o.

поэ́т Dichter
наро́дный ~; сти́хи -а; встре́ча с -ом

поэте́сс|а Dichterin
s. o.

сценари́ст Drehbuchautor
зарубе́жные -ы; ~ фи́льма

сценари́стк|а Drehbuchautorin
s. o.

94

актёр Schauspieler
веду́щий ~; ~ кино́; ~ теа́тра; игра́ -а

актри́с|а Schauspielerin
s. o.

арти́ст Künstler
наро́дный ~; ~ бале́та, ~ о́перы,
~ ку́кольного теа́тра, ~ худо́жественного теа́тра

арти́стк|а Künstlerin
s. o.

кинодокументали́ст
Dokumentarfilmschaffender
выдаю́щийся ~; рабо́та изве́стного -а

опера́тор Kameramann
~но́вого фи́льма

режиссёр Regisseur
гла́вный ~; ~ спекта́кля, ~ фи́льма

95

дирижёр Dirigent
заслу́женный ~; ~орке́стра, ~ хо́ра

компози́тор Komponist
~ бале́та, ~ о́перы, ~ пе́сни; му́зыка -а

музыка́нт Musiker
изве́стный ~; ~ орке́стра

пе́вец Sänger
о́перный ~, эстра́дный ~;
слу́шать певца́

певи́ц|а Sängerin
s. o.

соли́ст Solist
~ Большо́го теа́тра, ~ хо́ра, ~ орке́стра

соли́стк|а Solistin
s. o.

96

анса́мбл|ь Ensemble
наро́дный ~, вока́льно-инструмента́льный ~, молодёжный ~, фолькло́рный ~;
~ пе́сни и пля́ски, ~ стари́нной му́зыки;
~ теа́тра

гру́пп|а Gruppe
зарубе́жная ~; рок- ~; конце́рт -ы,
выступле́ние рок- -ы

орке́стр Orchester
симфони́ческий ~, шко́льный ~; ~ наро́дных инструме́нтов

теа́тр Theater
музыка́льный ~, драмати́ческий ~,
о́перный ~, худо́жественный ~;
~ о́перы и бале́та, ~ опере́тты, ~ -сту́дия Studiobühne

филармо́ни|я Philharmonie
госуда́рственная ~

97

жюри́ Jury
объекти́вное ~, стро́гое ~; член ~
реше́ние ~

зри́тел|ь Zuschauer(kreis)
те́ле-и, ю́ные -и; -и кино́, -и теа́тра;
встре́ча со -ями

люби́тел|ь Liebhaber, Fan
~ жи́вописи, ~ дре́вней литерату́ры,
~ о́перной му́зыки

посети́тел|ь Besucher
~ вы́ставки, ~ конце́рта, ~ теа́тра

чита́тел|ь Leser(kreis)
зарубе́жный ~, ю́ный ~, широ́кий круг
-ей, пи́сьма -ей

Задания

98

а) Образуйте слова женского рода от существительных мужского рода.
исполни́тель, сценари́ст, певе́ц, люби́тель, посети́тель, худо́жник

■ арти́ст – арти́стка
актёр – актри́са
писа́тель – писа́тельница

б) Прочитайте и переведите названия театров и ансамблей.
- Большо́й теа́тр
- Моско́вский худо́жественный академи́ческий теа́тр (МХАТ)
- Теа́тр-сту́дия киноактёра
- Моско́вский теа́тр ку́кол
- Тбили́сский теа́тр марионе́ток
- Моско́вский госуда́рственный Де́тский Музыка́льный Теа́тр
- Конце́ртный зал и́мени П. И. Чайко́вского
- Госуда́рственный ру́сский наро́дный хор и́мени Пя́тницкого
- Эстра́дный анса́мбль та́нца »Сувени́р«
- Джаз-рок-гру́ппа »Рада́р«
- Вока́льно-инструмента́льный анса́мбль »Девча́та«

1.6.2. События

1.6.2.1. Открытие выставок, музеев

вы́ставк|а Ausstellung
всеми́рная ~, ежего́дная ~, пере-движна́я ~, постоя́нная ~, кни́жная ~; ~ де́тских рису́нков, ~ жи́вописи, ~ плака́та; посети́тель -и; осмотре́ть -у; пойти́ на -у; побыва́ть на -е; ~–прода́жа Verkaufsausstellung

вы́ставить/выставля́ть ausstellen
~ карти́ны, ~ лу́чшие кни́ги

вы́ставочн|ый Ausstellungs-
~ зал, ~ павильо́н; -ое помеще́ние

галере́|я Galerie
карти́нная ~, Третьяко́вская ~; посети́ть -ю

музе́|й Museum
литерату́рный ~, истори́ческий ~; ~–**кварти́ра**; ~ наро́дного иску́сства; осмотре́ть ~, пойти́ в ~

вернису́ж Eröffnung, Vernissage
организова́ть ~, провести́ ~; прийти́ на ~

откры́ти|е Eröffnung
торже́ственное ~; ~ вы́ставки, ~ музе́я, ~ галере́и; гото́виться к -ю

экспози́ци|я Exposition, Ausstellung
[не]больша́я ~, интере́сная ~; ~ вы́-ставки; осмо́тр -и

экспона́т Exponat, Ausstellungsstück
интере́сный ~; ~ вы́ставки, ~ истори́че-ского музе́я; познако́миться с -ами

экспони́ровать ausstellen
~ (мини)кни́ги, ~ рабо́ты стари́нных мастеро́в

жи́вопис|ь Malerei
совреме́нная ~; ~ дре́вних мастеро́в, ~ XVIII ве́ка, ~ францу́зских мастеро́в; интересова́ться -ью

изда́ни|е Ausgabe, Auflage
прекра́сное ~, перво́е ~; ~ кни́ги; це́нные -я, ре́дкие -я; показа́ть после́дние -я

изобрази́тельн|ый darstellend
-ое иску́сство; му́зей -ых иску́сств

иску́сств|о Kunst
наро́дное ~, совреме́нное ~, театра́льное ~; ~ страны́, ~ наро́да; исто́рия -а произведе́ния -а; интересова́ться -ом

культу́р|а Kultur
мирова́я ~, национа́льная ~; изуча́ть -у; знако́миться с -ой

культу́рн|ый Kultur-, kulturell
~ обме́н; -ое разви́тие о́бщества, -ое сотру́дничество; -ыс свя́зи

насле́ди|е Erbe
культу́рное ~, це́нное ~; ~ мирово́й культу́ры, ~ про́шлого

па́мятник *кому́, чего́* Denkmal
дре́вний ~, истори́ческий ~, литерату́рный ~; ~ архитекту́ры; ~ писа́телю

про́мысел Gewerbe
худо́жественный ~; вы́ставка про́мыслов, изде́лия наро́дных про́мыслов; занима́ться про́мыслом

ру́копис|ь Handschrift, Originaltext
дре́вняя ~, уника́льная ~; дре́вние -и, средневеко́вые -и; найти́ ~, сохрани́ть ~; знако́миться с -ью

тво́рчеств|о Schaffen
наро́дное ~, литерату́рное ~, музыка́льное ~; ~ ру́сских худо́жников

тво́рческ|ий schöpferisch
~ ве́чер, ~путь писа́теля; -ая де́ятельность

це́нност|ь Wert
больша́я ~, истори́ческая ~

вы́звать/вызыва́ть hervorrufen
~ большо́й интере́с, ~ диску́ссию, ~ спор у зри́телей [у посети́телей]

(о)знако́мить vertraut machen
~ зри́телей, ~ посети́телей;
~ с жи́знью и тво́рчеством,
~ с произведе́ниями

(по)знако́мить bekanntmachen
с творче́ством, *s. o.*

(по)знако́миться sich bekannt machen
~ с произведе́ниями, ~ с жи́знью и тво́рчеством

отрази́ть/отража́ть widerspiegeln
~ жизнь, ~ действи́тельность; ~ в произведе́нии, ~ в экспози́ции

любова́ться *uv.* sich erfreuen
~ карти́нами, ~ рабо́тами мастеро́в,
~ экспози́цией вы́ставки

посвяти́ть/посвяща́ть widmen
~ вы́ставку; ~ писа́телю, ~ знаменитому худо́жнику, ~ выдаю́щемуся де́ятелю культу́ры

посвящённ|ый gewidmet
~ жи́зни и де́ятельности а́втора; вы́ставка, -ая изда́нию рома́на; экспози́ция посвящена́ *кому́/чему́*

предста́вить/представля́ть vorstellen
~ рабо́ты худо́жника, ~ тво́рчество писа́теля; ~ посети́телям

Образцы заметок и сообщений

102

1. *Где когда́* пройдёт междунаро́дная вы́ставка-ко́нкурс худо́жников-карикатури́стов. Пока́ организа́торы её – *кто* – зака́нчивают после́дние приготовле́ния, мы печа́таем не́сколько рису́нков, при́сланных на ко́нкурс.

2. *Где* гото́вится к откры́тию *кака́я* вы́ставка. Организа́торы вы́ставки поста́вили пе́ред со́бой зада́чу показа́ть роль *чего́* в разви́тии челове́ческого тво́рчества [нау́ки и культу́ры].
   В за́лах вы́ставки посети́тели уви́дят рабо́ты *каки́х* худо́жников.

3. *Ско́лько* экспона́тов включа́ет в себя́ экспози́ция вы́ставки *чего́.*
   В экспози́ции, посвящённой *кому́* [*чему́*], предста́влено *ско́лько* фотогра́фий [карти́н].

4. Фотовы́ставка »…« откры́лась *где.* В экспози́ции, посвящённой *чему́* [*кому́*] предста́влены о́коло [*ско́лько*] фотогра́фий. Они́ расска́зывают о *чём* [знако́мят посети́телей с *чем*].

5. В одно́й из галере́й, располо́женных *где*, неда́вно прошла́ вы́ставка карти́н, испо́лненных в мане́ре *кого́* и други́х знамени́тых худо́жников. Их а́втор – *кто.* К откры́тию вы́ставки был приуро́чен вы́ход в свет его́ кни́ги »…«, кото́рая наде́лала мно́го шу́ма.

6. »100 ико́н из Росси́и в Ватика́не« – так называ́ется вы́ставка, откры́вшаяся *где.* Она́ организо́вана по инициати́ве *кого́* при уча́стии *кого́.* По мне́нию ме́стных газе́т, проведе́ние вы́ставки явля́ется истори́ческим собы́тием – впервы́е на террито́рии Ватика́на организо́вана экспози́ция из Сове́тского Сою́за.

Задания

103

а) Обратите внимание на произношение и ударение следующих слов. Просклоняйте эти слова, составьте с ними предложения.
   галере́я, жи́вопись, ру́копись

б) Проспрягайте глагол *любова́ться.* Придумайте предложения.

в) Составьте предложения со следующими словами и словосочетаниями.
   зри́тели, посети́тели
   (по)знако́мить – (по)знако́миться
   карти́нная галере́я, насле́дие про́шлого, литерату́рный музе́й, экспози́ция вы́ставки, жи́вопись XVIII ве́ка, ре́дкие изда́ния, уника́льная ру́копись
   ■ Посети́телей познако́мили с произведе́ниями писа́теля.
   Посети́тели познако́мились с произведе́ниями писа́теля.

г) Составьте словосочетания с полной и краткой формами страдательного причастия глагола *посвяти́ть.*

вы́ставка фотовы́ставка музе́й экспози́ция	посвящённый посвящён	лу́чшие кни́ги ми́ра исто́рия и разви́тие страны́ 100-ле́тие со дня рожде́ния писа́теля изве́стный ску́льптор

д) Используя актуальную информацию об открытии выставок и музеев, составьте по данным образцам ↗ 102 тексты.

1.6.2.2. Концерты, премьеры, гастроли

конце́рт Konzert
благотвори́тельный ~, пра́здничный ~, симфони́ческий ~; ~ анса́мбля, ~ арти́стов кино́ и теа́тра, ~ худо́жественной самоде́ятельности; слу́шать ~, пойти́ на ~; ~ для скри́пки с орке́стром, ~ для фортепья́но; ~ по ра́дио

конце́ртн|ый Konzert-
~ зал; -ая програ́мма

вы́ступить/выступа́ть auftreten
~ по ра́дио, ~ по телеви́дению; ~ пе́ред зри́телями [пу́бликой]; ~ в конце́рте; ~ с но́вой програ́ммой

выступле́ни|е Auftritt
интере́сное ~; ~ музыка́нта, ~ хо́ра ма́льчиков, ~ рок-гру́ппы; ~ по ра́дио

испо́лнить/исполня́ть darbieten, spielen
~ пе́сню, ~ та́нец, ~ роль; ~ на гита́ре, ~ на пиани́но

исполне́ни|е Darbietung
хоро́шее ~; ~ гла́вной ро́ли, ~ пе́сни, ~ симфо́нии; в -и орке́стра, в -и хо́ра

му́зык|а Musik
наро́дная ~, класси́ческая ~, симфони́ческая ~, совреме́нная ~, танцева́льная ~, рок-~; ~ компози́тора; ~ к фи́льму; написа́ть -у, слу́шать -у; танцева́ть под -у; занима́ться -ой

музыка́льн|ый musikalisch
~ ве́чер, ~ спекта́кль, ~ теа́тр; -ая програ́мма, -ая шко́ла, -ые инструме́нты

(про)звуча́ть ertönen
звучи́т [прозвуча́ла] му́зыка [пе́сня]

шоу Show
пра́здничное ~; рок-~; ~-би́знес; вы́ступить с ~

105

премье́р|а Premiere
~ бале́та, ~ о́перы, ~ пье́сы, ~ видеофи́льма; пойти́ на -у

инсцениро́вк|а Inszenierung
уда́чная ~; ~ рома́на; осуществи́ть -у, посмотре́ть -у

(по)ста́вить inszenieren, aufführen
~ ба́лет, ~ о́перу, ~ спекта́кль, ~ фильм

постано́вк|а Inszenierung, Aufführung
телевизио́нная ~; ~ знамени́того анса́мбля, ~ заслу́женного режиссёра; показа́ть -у

снима́ться mitwirken, spielen (im Film)
~ в фи́льме

сцена́ри|й Szenarium
интере́сный ~; а́втор -я; ~ к фи́льму; написа́ть ~

съёмк|а Dreharbeiten
~ фи́льма; идёт ~; заверши́ть -у

съёмочн|ый Dreh-
~ коллекти́в, ~ день; -ые рабо́ты

фильм Film
документа́льный ~, худо́жественный ~, многосери́йный ~; ~ для дете́й; пойти на ~, показа́ть ~; му́зыка из -а

экра́н Leinwand, Bildschirm
на -ах кинотеа́тров

экраниза́ци|я Verfilmung
но́вая ~; ~ рома́на, ~ произведе́ния

106

гастро́л|и *Pl.* Gastspiel
~ Большо́го теа́тра, ~ знамени́того анса́мбля; откры́ть ~; прие́хать на ~, пригласи́ть на ~

гастроли́ровать Gastspiel geben
~ в го́роде, ~ в стране́, ~ на сце́не теа́тра, ~ в о́перном теа́тре; ~ со спекта́клем

аплоди́ровать Beifall spenden
~ анса́мблю, ~ исполни́телям, ~ орке́стру; восто́рженно ~, до́лго ~

аплодисме́нт|ы Beifall
бу́рные ~, до́лгие ~; ~ зри́телей, ~ слу́шателей; выступа́ть под ~

мастерств|о́ Meisterschaft
высо́кое ~; показа́ть ~

тала́нт Talent
большо́й ~, удиви́тельный ~; ~ арти́ста; отлича́ться -ом

тала́нтлив|ый talentiert
~ арти́ст, -ая певи́ца

успе́х Erfolg
большо́й ~; ~ конце́рта, ~ спекта́кля; гастро́ли прошли́ с -ом

Образцы заметок и сообщений

107

1. Кру́пным собы́тием стал конце́рт, состоя́вшийся *когда́ где.* Прозвуча́ли хорошо́ изве́стные и совсе́м но́вые произведе́ния [сочине́ния] *кого́* [*каки́х компози́торов*]. Програ́мма конце́рта включала *что.* На конце́рте прису́тствовал *кто.*

2. О́перой »...« *кого́* Большо́й теа́тр откры́л гастро́ли *где.* Они́ прохо́дят в истори́ческом зда́нии *како́й* о́перы и посвящены́ *чему́.* Под управле́нием гла́вного дирижёра орке́стр, соли́сты и хор изве́стного теа́тра показа́ли высоча́йшее мастерство́. Гла́вную роль блестя́ще испо́лнил *кто.*

3. *Како́й* теа́тр гастроли́ровал с *ско́лькими* спекта́клями *где. Како́й* анса́мбль прие́хал на гастро́ли *куда́.*
   В постано́вке *чего́* за́няты *каки́е арти́сты.*

4. *Когда́* I програ́мма Центра́льного телеви́дения начнёт пока́з но́вого ... сери́йного худо́жественного фи́льма о *ком.* Снят фильм на *како́й* киносту́дии режиссёром *кем.* В осно́ве карти́ны – собы́тия .... А́вторы фи́льма собра́ли мно́го фа́ктов о *чём,* встреча́лись с *кем.*

Задания

108

а) Образуйте словосочетания.
фильм – сери́йный – три, пять, мно́го
■ сери́йный – два: двухсери́йный фильм

б) Скажите, где состоялось культурное событие – концерт, премьера, гастроли. Используйте следующие слова и словосочетания.
кинотеа́тр, Дворе́ц культу́ры, конце́ртный зал, о́перный теа́тр, откры́тая сце́на, госуда́рственная филармо́ния
■ В Кремлёвском дворце́ состоя́лся конце́рт худо́жественной самоде́ятельности.

в) Используя информацию о новостях культурной жизни, составьте по данным образцам ↗ 107 актуальные тексты.

1.6.2.3. Дни культуры, конкурсы, фестивали

дни Tage
берли́нские ~, Че́ховские ~; ~ Бре́хта, ~ Росси́и, ~ молодёжи, ~ по́льской культу́ры, ~ теа́тра

ко́нкурс Ausscheid, Wettbewerb
междунаро́дный ~; ~ де́тской пе́сни, ~ красоты́, ~ на ти́тул »Мисс …«, ~ музыка́нтов; спо́нсор -а

ме́сячник (Veranstaltungs-)Monat
~ дру́жбы, ~поэ́зии, ~ наро́дного тво́рчества; провести́ ~

неде́л|я (Veranstaltungs-)Woche
~ инди́йской культу́ры, ~ кита́йского фи́льма, ~ австри́йской кни́ги, *s. o.*

смотр Leistungsschau
интере́сный ~; ~тала́нтов, ~ худо́жественной самоде́ятельности Laienkunst

фестива́л|ь Festival
всесою́зный ~, джа́зовый ~, междунаро́дный ~; ~ мультипликацио́нного фи́льма, ~ полити́ческой пе́сни, ~ теа́тра и му́зыки; кино-; откры́ть ~, заверши́ть ~

фестива́льн|ый Festival-
-ая програ́мма, -ое жюри́, -ые дни

тради́ци|я Tradition
хоро́шая ~; национа́льные -и; продолжа́ть -ю, сохраня́ть -ю; стать -ей; по -и

традицио́нн|ый traditionell
~ пра́здник; -ые дни

юбиле́йн|ый Jubiläums-
~ пра́здник, ~ смотр красоты́, ~ фестива́ль

предусмотре́ть/предусма́тривать vorsehen
~ в програ́мме фестива́ля *что*; програ́мма предусма́тривает *что*; по тради́ции предусмо́трено показа́ть *что*

(под)гото́вить vorbereiten
~ премье́ру спекта́кля, ~ дни культу́ры, ~ фестива́льную програ́мму; ~ к фестива́лю [смо́тру] *что*

переда́ть/передава́ть übertragen
~ ко́нкурсную програ́мму; ~ по ра́дио, ~ по телеви́дению

показа́ть/пока́зывать zeigen
~ но́вый фильм, ~ постано́вки пьес изве́стного драмату́рга

зва́ни|е Titel
почётное ~; ~ наро́дного арти́ста; получи́ть ~

ти́тул Titel
завоева́ть ~, присво́ить ~

лауре́ат Preisträger
~ кинофестива́ля, ~ междунаро́дной пре́мии

пре́ми|я Prämie, Preis
междунаро́дная ~, литерату́рная ~; ~ за лу́чшую пе́сню, ~ за лу́чшее исполне́ние; ~ ко́нкурса, ~ фестива́ля; получи́ть -ю

приз Preis
гла́вный ~, специа́льный ~; ~ жюри́ фестива́ля; ~ за лу́чшую актёрскую рабо́ту

заслужи́ть/заслу́живать verdienen
~ приз, ~ зва́ние, ~ золоту́ю меда́ль

победи́ть/побежда́ть siegen
~ в ко́нкурсе, ~ на фестива́ле, ~ в соревнова́нии на лу́чшего певца́

награ́д|а Auszeichnung
высо́кая ~; вручи́ть -у; ~ за экраниза́цию рома́на

награди́ть/награжда́ть auszeichnen
~ анса́мбль, ~ фильм; ~ пе́рвым при́зом, ~ золото́й меда́лью

отме́тить/отмеча́ть auszeichnen
~ выступле́ние рок-гру́ппы, ~ лу́чшее произведе́ние; ~ гла́вным при́зом, ~ высо́кой награ́дой

присво́ить/присва́ивать verleihen
~ почётное звание, ~ ти́тул

присвое́ни|е Verleihung
~ зва́ния, ~ ти́тула »Мисс ...«

присуди́ть/присужда́ть verleihen
~ приз жюри́, ~ дипло́м фестива́ля; ~ молоды́м арти́стам *что*

присужде́ни|е Verleihung
~ при́за, ~ пре́мии; ~ сценари́сту *чего́*

удосто́ить/удоста́ивать *чего́* würdigen
~ выдаю́щегося писа́теля; ~ пре́мии, ~ награ́ды, ~ при́за

вручи́ть/вруча́ть überreichen
~ пре́мию, ~ дипло́м; ~ певи́це [режиссёру] фи́льма *что*

вруче́ни|е Überreichung
торже́ственное ~; ~ при́за, ~ меда́ли

Образцы заметок и сообщений

1. *Где* прошли́ Дни литерату́ры *како́й о́бласти* [*респу́блики, страны́*]. Состоя́лись тво́рческие вечера́ и чита́тельские конфере́нции.

2. *Где* прохо́дят [проходи́ли] Дни *како́й страны́* [*како́го го́рода*], посвящённые *како́му юбиле́ю* [*чему́*].
   Пра́здник наро́дного тво́рчества прошёл *где*. Выступа́ли *каки́е анса́мбли* и профессиона́льные арти́сты *отку́да*, бы́ли организо́ваны вы́ставки-прода́жи наро́дных про́мыслов.

3. *Где* заверши́лся традицио́нный … . Всесою́зный кинофестива́ль. Ве́чером *где* состоя́лось торже́ственное закры́тие смо́тра. Ко́нкурсное жюри́ объяви́ло своё реше́ние.
   Гла́вный приз присуждён карти́не »…« *како́й киносту́дии.* По разде́лу худо́жественных фи́льмов три ра́вных при́за доста́лись карти́нам … .
   Специа́льный приз жюри́ за *что* вручён созда́телям карти́ны »…«. Кро́ме того́, жюри́ присуди́ло дипло́мы *каки́м фи́льмам* [*каки́м арти́стам, опера́торам, режиссёрам*].

4. В столи́це *како́й страны́* в … раз состоя́лся междунаро́дный театра́льный фестива́ль … . На э́тот раз в нём при́няли уча́стие *ско́лько* театра́льных коллекти́вов из *ско́льких* стран, в том числе́ из *како́й страны́.*
   Специа́льный приз жюри́ уезжа́ет *куда́,* он присуждён *кому́* за постано́вку спекта́кля »…« *кого́.*

5. *Где* заверши́лся ко́нкурс »Мисс *како́й го́род*«. Пе́рвой краса́вицей го́рода ста́ла *кто.* Ей отда́ли свои́ симпа́тии журнали́сты, зри́тели и гла́вный спо́нсор ко́нкурса – *кто.*

Задания

114

а) Найдите существительные от следующих глаголов. Употребите их в словосочетаниях.
   вручи́ть, награди́ть, подгото́вить, показа́ть, присво́ить, присуди́ть

б) Обратите внимание на значение следующих глаголов, отметьте общее и разницу. Составьте словосочетания.
   вручи́ть/вруча́ть, награди́ть/награжда́ть, отме́тить/отмеча́ть, присво́ить/присва́ивать, присуди́ть/присужда́ть, удосто́ить/удоста́ивать

г) Прочитайте и переведите почётные звания.
   »Наро́дный арти́ст«, »Наро́дный худо́жник«, »Заслу́женный арти́ст …«, »Заслу́женный де́ятель культу́ры«, »Наро́дный пев́ец«

д) Переведите на немецкий язык названия культурных мероприятий.
   – Междунаро́дный театра́льный фестива́ль
   – Всесою́зный Пу́шкинский пра́здник поэ́зии
   – Че́ховские дни в Я́лте
   – Фестива́ль короткометра́жных и документа́льных фи́льмов
   – Всесою́зный фестива́ль наро́дного тво́рчества
   – Всесою́зный ко́нкурс красоты́

е) Используя информацию о проведении конкурсов, фестивалей и других смотров составьте по данным образцам ↗ 113 актуальные тексты.

1.7. Новости спорта

Новости спорта
СПОРТИВНАЯ АРЕНА
Чемпион впереди
Сборная с новым тренером
ТАМ, ГДЕ ПРЫГАЮТ, БЕГАЮТ, ВЫИГРЫВАЮТ И ПРОИГРЫВАЮТ
ВПЕРВЫЕ
Гол в нашу пользу
ПЕРЕД СТАРТОМ
СПОРТ
СПОРТ
Волейбол
Пятая ничья
Шестая партия на первенство
До самого финиша

1.7.1. Виды спорта и участники соревнований

115

лёгк|ая атле́тик|а Leichtathletik
соревнова́ния по -ой -е

бег Lauf
барье́рный ~, марафо́нский ~, эстафе́тный ~; ~ на коро́ткие [сре́дние, дли́нные] диста́нции, ~ на ... ме́тров, ~ на 3000 м с препя́тствиями, ~ с барье́рами; ви́ды -а, ско́рость -а, диста́нция -а

бегу́н, бегу́нь|я Läufer, -in
~ на коро́ткие [сре́дние, дли́нные] диста́нции

барьери́ст, -к|а Hürdenläufer, -in

забе́г (Vor-)Lauf
предвари́тельный ~, отбо́рочный ~, фина́льный ~; ~ на ... ме́тров, ~ на 10 км; победи́ть в -е на ... м

бежа́ть *uv.* laufen
~ пе́рвым, ~ после́дним; ~ на пе́рвом [после́днем] эта́пе эстафе́ты

пробежа́ть/пробега́ть laufen
~ пе́рвый [после́дний] круг, ~ диста́нцию ... ме́тров за *како́е вре́мя*

ходьб|а́ Gehen
спорти́вная ~; ~ на 20 [50] киломе́тров; те́хника -ы́

ходо́к [скорохо́д] Geher
хоро́ший ~; быть хоро́шим -о́м

пройти́/проходи́ть gehen, zurücklegen
~ диста́нцию вторы́м [предпосле́дним], ~ ... км за *како́е вре́мя*

прыжо́к, *Pl.* прыжк|и́ Sprung
лу́чший ~, тройно́й ~; ~ в высоту́, ~ в длину́; ~ с шесто́м; длина́ прыжка́

прыгу́н, прыгу́нь|я Springer, -in
~ в высоту́, ~ в длину́; прыгу́н тройны́м, прыгу́н с шесто́м

пры́гнуть/пры́гать springen
~ в высоту́, ~ в длину́; ~ на ... метр [ме́тра, ме́тров] ... сантиме́тр [сантиме́тра, сантиме́тров]

перепры́гнуть/перепры́гивать überspringen
~ пла́нку на высоте́ метр…, *s. o.*; ~ семиметро́вую [восьмиметро́вую] отме́тку

взять/брать высоту́ die Höhe nehmen
~ метр…, ↗ **пры́гнуть/пры́гать**

мета́ни|е Werfen
~ ди́ска, ~ копья́, ~ мо́лота

мета́тел|ь, -ниц|а Werfer, -in
~ ди́ска, ~ копья́, мета́тель мо́лота

метну́ть/мета́ть werfen
~ диск, ~ копьё, ~ мо́лот; ~ *что* на … метр …, ↗ **пры́гнуть/пры́гать**

бросо́к Wurf
про́бный ~, зачётный ~

бро́сить/броса́ть werfen
↗ **метну́ть/мета́ть**

толка́ни|е ядра́ Kugelstoßen

толка́тель, -ниц|а ядра́ Kugelstoßer, -in

толкну́ть/толка́ть stoßen
~ ядро́ на … ме́тр …, ↗ **пры́гнуть/пры́гать**

десятибо́рь|е Zehnkampf
соревнова́ния по -ю; набра́ть *ско́лько* очко́в в -е

десятибо́рец Zehnkämpfer

пятибо́рь|е Fünfkampf
совреме́нное ~; ↗ **десятибо́рье**

пятибо́рк|а Fünfkämpferin

116

бокс Boxen
люби́тельский ~, профессиона́льный ~

боксёр Boxer

борьб|а́ Ringen
во́льная ~, класси́ческая ~

боре́ц Ringer

боро́ться kämpfen
~ про́тив *кого́*; ~ с проти́вником

фехтова́ни|е Fechten
~ на рапи́рах, ~ на шпа́гах

фехтова́льщик, -щиц|а Fechter, -in

фехтова́ть fechten
~ на рапи́рах, ~ на шпа́гах; ~ про́тив *кого́*; ~ с *кем*

велосипе́дн|ый спорт Radsport

велосипеди́ст, -к|а Radfahrer, -in

прое́хать/проезжа́ть fahren
~ … км за *како́е вре́мя*, ~ *како́й* эта́п велого́нки

преодоле́ть/преодолева́ть überwinden
~ … км за *како́е вре́мя*

гимна́стик|а Gymnastik
спорти́вная ~, худо́жественная ~

гимна́ст, -к|а Turner, -in

вы́полнить/выполня́ть zeigen, absolvieren
~ програ́мму, ~ упражне́ния

вы́ступить/выступа́ть turnen
~ на бревне́, ~ на бру́сьях, ~ на ко́льцах, ~ на коне́, ~ на перекла́дине; ~ с во́льными упражне́ниями

пла́вани|е Schwimmen
~ баттерфля́ем, ~ бра́ссом, ~ во́льным сти́лем [кро́лем]; ~ на спине́; ~ на дли́нные [коро́ткие] диста́нции

плове́ц, пловчи́х|а Schwimmer, -in

проплы́ть/проплыва́ть schwimmen
~ 400 ме́тров во́льным сти́лем; ~ ... ме́тров за *како́е вре́мя*

прыжк|и́ в во́ду Wasserspringen
~ с вы́шки, ~ с трампли́на

пры́гнуть/пры́гать springen
~ с вы́шки, ~ с трампли́на

ша́хмат|ы *Pl.* Schach
игра́ть в ~; чемпиона́т ми́ра по -ам

шахмати́ст, -к|а Schachspieler, -in

гроссме́йстер Großmeister
стать -ом

118

баскетбо́л Basketball
мужско́й ~, же́нский ~; игра́ в ~

баскетболи́ст, -к|а
Basketballspieler, -in

бро́сить/броса́ть werfen
~ мяч в корзи́ну

волейбо́л Volleyball
игра́ть в ~

волейболи́ст, -к|а
Volleyballspieler, -in

гандбо́л, ручн|о́й мяч Handball
↗ **баскетбо́л**

гандболи́ст, -к|а
Handballspieler, -in

те́ннис Tennis
большо́й ~, насто́льный ~

теннеси́ст, -к|а
Tennisspieler, -in

футбо́л Fußball

футболи́ст, -к|а Fußballspieler, -in

заби́ть/забива́ть schießen
~ мяч в воро́та, ~ гол

хокке́|й Hockey
~ на траве́, ~ на льду́; ~ с мячо́м, ~ с ша́йбой

хоккеи́ст, -к|а Hockeyspieler, -in

119

зи́мн|ий спорт Wintersport
соревнова́ния по -ему -у

конькобе́жн|ый спорт
Schlittschuhlauf

конькобе́жец, конькобе́жк|а
Schlittschuhläufer, -in

коньк|и́ Schlittschuhe

като́к Eisbahn
иску́сственный ~; тренирова́ться на катке́

пробежа́ть/пробега́ть laufen

фигу́рн|ое ката́ни|е Eiskunstlauf
чемпиона́т ми́ра по -ому -ю; обяза́тельная [произво́льная] програ́мма -ого -я

фигури́ст, -к|а Eiskunstläufer, -in

показа́ть/пока́зывать zeigen
~ обяза́тельную [произво́льную] програ́мму, ~ прыжки́

лы́жн|ый Ski-
~ спорт, -ые соревнова́ния

лы́жник, лы́жниц|а Skiläufer, -in

лы́ж|и Ski

прыгу́н с трампли́на Skispringer

пройти́/проходи́ть laufen
~ на лы́жах; ~ диста́нцию … км за *како́е вре́мя*

120

кома́нд|а Mannschaft
же́нская ~, мужска́я ~, клу́бная ~, олимпи́йская ~, волейбо́льная ~; ~ юнио́ров, ~ страны́; соста́в -ы

сбо́рн|ая Auswahlmannschaft
национа́льная ~, мужска́я ~, ю́ношеская ~; ~ *како́й страны́*

спортсме́н, -к|а Sportler, -in

игро́к Spieler
запасно́й ~; первокла́ссный ~; -и́ футбо́льной кома́нды

проти́вник Gegner
опа́сный ~, си́льный ~; победи́ть -а; встре́титься с -ом

сопе́рник Rivale
~ чемпио́на; победи́ть -а; вы́играть у -а

сопе́рниц|а Rivalin
победи́ть -у; вы́играть у -ы

тре́нер Trainer
ста́рший ~ Cheftrainer; ~ кома́нды, ~ сбо́рной, ~ спортсме́на

судь|я́, ***Pl.*** **су́дь|и** Kampfrichter, Schiedsrichter
стро́гий ~, [не]справедли́вый ~; ~ ма́тча, ~ соревнова́ния

1.7.2. Соревнования, чемпионаты, игры

121

соревнова́ни|е Wettkampf
традицио́нное ~; ма́ссовые -я, (полу)-фина́льные -я, отбо́рочные -я Ausscheidungswettkämpfe, кома́ндные -я, ли́чные -я Einzelwettkämpfe, квалификацио́нные -я; -я на Ку́бок ми́ра, -я на пе́рвенство по …; -я за ку́бок …

состяза́ни|е Wettkampf
предвари́тельное ~, заключи́тельное ~, па́рное ~; ~ боксёров; фина́л -й

и́гр|ы Spiele
олимпи́йские ~

олимпиа́д|а Olympiade
ле́тняя ~, зи́мняя ~

пе́рвенств|о Meisterschaft
~ страны́; ~ по волейбо́лу; завоева́ть ~; доби́ться -а

чемпиона́т Meisterschaft
~ ми́ра, ~ Евро́пы; ~ по лёгкой атле́тике, ~ по фигу́рному ката́нию; уча́ствовать в -е, победи́ть в -е

турни́р Turnier
междунаро́дный ~, ме́стный ~, многоэта́пный ~, профессиона́льный ~, те́ннисный ~; ~ шахмати́стов; ~ по футбо́лу; ~ за Ку́бок Чёрного мо́ря

ро́зыгрыш Ausspielen
~ Ку́бка ми́ра, ~ ку́бка по футбо́лу

го́нк|а Rennen
велого́нка; индивидуа́льная ~, кома́ндная ~, многодне́вная ~; ~ пресле́дования на 4000 км; эта́п -и

игр|а́ Spiel
отбо́рочная ~, фина́льная ~; ~ в баскетбо́л, ~ в футбо́л; ~ на Ку́бок ми́ра, ~ на Ку́бок страны́

матч Spiel
футбо́льный ~, отбо́рочный ~, полуфина́льный ~; ~ на пе́рвенство ми́ра по футбо́лу; нача́ло -а, вре́мя -а; вы́играть [проигра́ть] ~ со счётом …

122

этап Etappe
пе́рвый ~, заключи́тельный ~;
~ соревнова́ния, ~ велого́нки; на второ́м -е

тур Tour
второ́й ~, заключи́тельный ~; во второ́м -е; ~ чемпиона́та

тайм Halbzeit
пе́рвый ~; во второ́м -е

полови́н|а Hälfte
пе́рвая [втора́я] ~ игры́ ма́тча; во второ́й -е игры́

фина́л Finale, Endspiel
полуфина́л, четвертьфина́л; ~ соревнова́ния; вы́йти в ~; быть в -е, победи́ть в -е

1.7.3. Результаты соревнований

123

сыгра́ть/игра́ть spielen
~ со счётом …; ~ вничью́

вы́играть/выи́грывать gewinnen
~ матч, ~ соревнова́ние, ~ встре́чу по волейбо́лу, ~ па́ртию у проти́вника;
~ со счётом

победи́ть/побежда́ть (be)siegen
~ проти́вника, ~ кома́нду; ~ в ма́тче,
~ в соревнова́нии; ~ со счётом

одержа́ть/оде́рживать побе́ду
siegen, Sieg erringen
~ над кома́ндой, ~ над проти́вником;
~ в игре́, ~ в фина́ле, ~ в ма́тче;
~ со счётом

победи́тель, -ниц|а Sieger, -in
соревнова́ния, ~ чемпиона́та; вы́йти -ем [-ей], стать -ем [-ей]

проигра́ть/прои́грывать *кому́*
verlieren
~ матч, ~ па́ртию; ~ в соревнова́ниях по …; ~ проти́внику, ~ кома́нде;
~ со счётом …

(по)терпе́ть пораже́ние
Niederlage erleiden
~ в ма́тче, ~ в игре́, ~ в соревнова́ниях;
~ со счётом …

завоева́ть/завоёвывать erkämpfen
~ ме́сто, ~ золоту́ю [сере́бряную, бро́нзовую] меда́ль, ~ ку́бок

заня́ть/занима́ть einnehmen, belegen
~ пе́рвое ме́сто, ~ тре́тье ме́сто,
~ после́днее ме́сто

124

балл Punkt
3 -а; су́мма -ов; о́бщее коли́чество -ов

очк|о́ *Pl.* очки́ Punkt
получи́ть [набра́ть] … -а́ [-о́в]; по коли́честву -о́в; наибо́льшее [ра́вное] коли́чество -о́в

счёт Ergebnis
откры́ть ~; зако́нчить матч [игру́] со -ом …, вы́играть со -ом …, проигра́ть со -ом …, победи́ть со -ом …

зачёт Wertung
ли́чный ~, кома́ндный ~; в кома́ндном -е; стать победи́телем [победи́тельницей] в ли́чном -е

ничь|я́ Unentschieden
нулева́я ~; согласи́ться на -ю́; сыгра́ть вничью́

реко́рд Rekord
миро́вой ~, европе́йский ~; ~ страны́; ~ в бе́ге на … ме́тров; облада́тель -а; установи́ть ~

рекордсме́н, -к|а Rekordhalter, -in
~ ми́ра, ~ страны́, ~ Евро́пы

чемпио́н, -к|а Meister, -in
~ ми́ра, ~ страны́, ~ Евро́пы; ти́тул -а [-и]; стать -ом [-ой]

удосто́ить/удоста́ивать *чего́* würdigen
~ спортсме́на, ~ кома́нду; ~ меда́ли, ~ вы́сшей награ́ды, ~ ку́бка

Образцы заметок и сообщений

125

1. Гимна́стика. *Кто* из *како́й страны́* победи́л в ро́зыгрыше Ку́бка ми́ра по спорти́вной гимна́стике в многобо́рье. Его́ [её] результа́т – … ба́лла [-о́в].

2. Ша́хматы. *Когда́* состоя́лась *кака́я* па́ртия фина́льного ма́тча чемпиона́та ми́ра по ша́хматам ме́жду *кем* и *кем.* Она́ отло́жена в о́стром положе́нии по́сле *како́го* хо́да претенде́нта, кото́рый игра́л чёрными [бе́лыми] фигу́рами.

3. Пла́вание. Мужска́я [же́нская] сбо́рная *како́й страны́* победи́ла в соревнова́ниях за Ку́бок Евро́пы, проше́дших *где. Кака́я* кома́нда по ито́гам двухдне́вных ста́ртов в *како́м* бассе́йне набрала́ *ско́лько* очко́в, на *ско́лько* очко́в опереди́в пловцо́в из *како́й страны́.* Тре́тье ме́сто заняла́ сбо́рная … .

4. Бокс. *Какое* кома́ндное ме́сто заняла́ сбо́рная *каки́х* боксёров, выступа́вшая *где* на *како́м* пе́рвенстве. В соревнова́ниях при́няли уча́стие *ско́лько* спортсме́нов из … стран. Пе́рвое ме́сто за́няли спортсме́ны *како́й страны́.*

5. Гандбо́л. *Кака́я* сбо́рная проигра́ла в очередно́м ма́тче кома́нде … со счётом … на междунаро́дном турни́ре за Ку́бок …, проходя́щем *где.* Турни́рную табли́цу с … очка́ми возглавля́ют *каки́е* спортсме́ны [спортсме́нки], вы́игравшие свой *како́й* матч у сбо́рной *како́й страны́.*

6. Футбо́л. Футболи́сты *како́й кома́нды* вы́шли победи́телями междунаро́дного турни́ра, кото́рый заверши́лся *где.* В фина́льном ма́тче они́ одержа́ли побе́ду над национа́льной сбо́рной *како́й страны́* – судьбу́ встре́чи и пе́рвенства в турни́ре реши́ли лишь послема́тчевые пена́льти – их счёт – … .

Задания

а) Образуйте словосочетания со следующими словами.
соревнова́ния, чемпиона́т ми́ра [Евро́пы, страны́], пе́рвенство, турни́р, матч
■ соревнова́ния по лёгкой атле́тике

б) Составьте предложения.
стартова́ть, вы́йти на старт, приня́ть уча́стие, уча́ствовать

в) Прочитайте.
5,3 (очко́), 5,9 (очко́), 6,0 (очко́), 9,35 (балл), 9,95 (балл), 10 (балл), 39,59 (балл), 10,88 (секу́нда)
■ 9,4 ба́лла = де́вять и четы́ре деся́тых ба́лла
11,25 секу́нды = оди́ннадцать и два́дцать пять со́тых секу́нды

г) Ответьте на вопросы.
– За ско́лько секу́нд бегу́н [бегу́нья] пробежа́л [-а] 100 ме́тров?
– За како́е вре́мя ходо́к [лы́жник, лы́жница] прошёл [прошла́] ... км?
– За како́е вре́мя го́нщики преодоле́ли эта́п велого́нки?
– На ско́лько ме́тров и сантиме́тров спортсме́н[-ка] пры́гнул[-а] в длину́ [в высоту́]?
– На ско́лько ме́тров и сантиме́тров он [она] толкну́л[-а] ядро́?

д) Придумайте предложения с следующими глаголами.

вы́играть/выи́грывать *что* у *кого́*	
победи́ть/побежда́ть *кого́* в *чём*	*с каки́м счётом*
проигра́ть/прои́грывать *что кому́* в *чём*	
завоева́ть/завоёвывать *что*	

е) Образуйте прилагательные от следующих слов и употребите их в словосочетаниях.
футбо́л, волейбо́л, ша́хматы, хокке́й, те́ннис, пла́вание

ж) Назовите однокоренные слова.
забе́г, прыгу́н, хокке́й, боре́ц, те́ннис, ходьба́

з) Используя информацию о спорте, составьте по образцам ↗ 125 актуальные тексты.

1.8. О погоде

Мокрые дни миновали...
Погода недели с 10 по 16 сентября

Поговорим о погоде
Прогноз на неделю

А ночи уже холодные
Погода недели с 1 по 7 октября

ПОГОДА НЕДЕЛИ — с 23 по 29 июля
ВЕНЕЦ ЛЕТА

А в октябре — бабье лето!
Погода с 15 по 21 октября

Макушка лета
Погода со 2 по 8 июля

При любой погоде

ПОГОДА НЕДЕЛИ с 8 по 14 октября —
Осень золотая

Задумчивый месяц

127

прогно́з Vorhersage
~ пого́ды; слу́жба -а пого́ды; (со)ста́вить ~ на су́тки

пого́д|а Wetter
жа́ркая ~, моро́зная ~, (не)усто́йчивая ~, о́блачная ~ с проясне́ниями, па́смурная ~, прохла́дная ~, тёплая ~, холо́дная ~, уме́ренно моро́зная ~, суха́я ~; улучше́ние -ы

преиму́щественно vorherrschend
~ суха́я пого́да

преоблада́ть *uv.* überwiegen
бу́дет ~ о́блачная пого́да

преоблада́ни|е Vorherrschen
~ па́смурной пого́ды

ожида́ться *uv.* erwartet werden
ожида́ется со́лнечная пого́да, ожида́ются дожди́

ослабе́ть *v.* sich abschwächen
ве́тер ослабе́ет, оса́дки ослабе́ют

повы́ситься *v.* steigen
температу́ра повы́сится, давле́ние повы́сится

повыше́ни|е Erhöhung
~ давле́ния; ожида́ется ~ температу́ры

пони́зиться *v.* fallen
пони́зится вла́жность [температу́ра]

пониже́ни|е Rückgang, Abnahme
постепе́нное ~; ~ температу́ры

прекрати́ться *v.* aufhören
оса́дки прекратя́тся

постепе́нн|ый allmählich
-ое повыше́ние; -о ослабе́ет ве́тер

давле́ни|е Druck
атмосфе́рное ~, ни́зкое ~

вла́жност|ь Feuchtigkeit
~ во́здуха повы́сится

о́блачност|ь Bewölkung
небольша́я ~, переме́нная ~

о́блачн|ый wolkig, bewölkt
~ день, -ая пого́да

ве́тер Wind
поры́вистый ~, си́льный ~; ~ за́падный, ~ юго-за́падный, ~ се́верный; поду́ет ~

мете́л|ь Schneesturm, -treiben
си́льная ~, сла́бая ~

тума́н Nebel
си́льный ~; по о́бласти ~

гроз|а́ Gewitter
си́льная ~; [не]продолжи́тельные гро́зы

129

оса́дк|и Niederschläge
ожида́ются ~; без -ов, уменьше́ние -ов

дожд|ь Regen
кратковре́менный ~, небольшо́й ~, си́льный ~, сла́бый ~, уме́ренный ~; грозовы́е -и́; времена́ми ~; идёт [пойдёт] ~; пройду́т -и́

дождли́в|ый regnerisch
~ день; -ая пого́да

снег Schnee
мо́крый ~, небольшо́й ~, сла́бый ~

снегопа́д Schneefall
небольшо́й ~, си́льный ~

град Hagel
си́льный ~; пойдёт ~

130

во́здух Luft
давле́ние -а

температу́р|а Temperatur
максима́льная ~, минима́льная ~, среднесу́точная ~; ~ воды́, ~ во́здуха; ~ повы́сится, ~ пони́зится

гра́дус Grad
три -а [пять -ов] тепла́ [моро́за]

жар|а́ Hitze
больша́я ~

жа́рк|ий heiß
~ день

моро́з Frost
си́льный ~, си́льные -ы

за́морозк|и *Pl.*
leichter Morgen- (Nacht)frost
сла́бые ~; ~ на пове́рхности по́чвы

гололёд Glatteis
возмо́жен ~

со́лнц|е Sonne
све́тит ~

со́лнечн|ый sonnig
~ день

тепл|о́ Wärme
со́лнечное ~

тёпл|ый warm
~ день; -ая пого́да

хо́лод Kälte
зи́мний ~; янва́рские -а́

холо́дн|ый kalt
~ день; -ое у́тро; но́чью уже́ хо́лодно

похолода́ни|е Temperaturrückgang, Abkühlung
ожида́ется ~

прохла́дн|ый kühl
~ ве́тер; -ые дни

времена́ми zeitweise
~ дождь [оса́дки]

места́ми örtlich
~ си́льный ве́тер; ~ гро́зы

по о́бласти örtlich
~ небольши́е за́морозки

Образцы заметок и сообщений

131

1. В предстоя́щую неде́лю *где* неусто́йчивая пого́да, со́лнечные дни бу́дут чередова́ться с па́смурными, времена́ми пройду́т дожди́.

2. В Москве́ и Моско́вской о́бласти *когда́* о́блачная пого́да с проясне́ниями, днём места́ми *что*, максима́льная температу́ра *ско́лько* гра́дусов, по о́бласти от ... до ... гра́дусов, ве́тер *како́й.*

3. Вчера́ в 15 часо́в *где* бы́ло плюс *ско́лько* гра́дусов, давле́ние *ско́лько* мм, вла́жность *ско́лько* проце́нтов. Сего́дня давле́ние бу́дет па́дать, вла́жность суще́ственно не изме́нится, места́ми небольшо́й дождь, максима́льная температу́ра 5–7 гра́дусов, по о́бласти от *ско́льких* до *ско́льких*, ве́тер ю́жный, 3–7 м/с (ме́тров в секу́нду).

4. В большинстве́ райо́нов *како́й* ча́сти [террито́рии] страны́ ожида́ется *кака́я* пого́да с кратковре́менными [грозовы́ми] дождя́ми [оса́дками]. *Где* бу́дет преоблада́ть *кака́я* пого́да, преиму́щественно без оса́дков.
   Жа́ркая и преиму́щественно суха́я пого́да ожида́ется *где*, что вы́зовет здесь повыше́ние пожа́рной опа́сности в леса́х.

5. *Где* времена́ми оса́дки, но́чью от 0 (нуля́) до ... моро́за, днём от ... моро́за до ... гра́дусов тепла́ [моро́за].

6. В наступа́ющей неде́ле бо́льшая часть страны́ бу́дет находи́ться под влия́нием *како́го* атланти́ческого во́здуха. В *каки́х* райо́нах пого́да бу́дет неусто́йчивой со снегопа́дами, мете́лями. О́чень си́льные моро́зы (ни́же ... гра́дусов) ожида́ются *где.*

7. *Где* в нача́ле неде́ли небольши́е оса́дки. Но́чью от 0 (нуля́) до ... гра́дусов тепла́ [моро́за], днём ... . В дальне́йшем преоблада́ние сухо́й пого́ды, но́чью от ... гра́дусов моро́за до ... тепла́, днём ..., в отде́льные дни до ... . В конце́ неде́ли за́морозки прекратя́тся.

Задания

132

а) Образуйте прилагательные от следующих слов и употребите их в словосочетаниях.
   – восто́к, за́пад, се́вер, юг
   – весна́, зима́, ле́то, о́сень
   – ве́чер, день, ночь, у́тро

б) Образуйте словосочетания со словом *ве́тер* и с прилагательными от следующих слов.
   юг – восто́к, се́вер – за́пад, се́вер – восто́к
    юг – за́пад
   ве́тер – юго-за́падный

в) Подберите антонимы.
сóлнечная погóда, устóйчивая погóда, сúльный вéтер, жáркий день, сухóй снег, два грáдуса морóза

г) Переведите следующие словосочетания и измените их по образцу.
тумáнная ночь, морóзный феврáль, морóзная зимá, грозовóе лéто, дождлúвая óсень, ýтренний тумáн
■ тумáнный вéчер – вечéрний тумáн

д) Составьте предложения.
ожидáться – óблачная с прояснéниями погóда, на дорóгах гололéдица, местáми на пóчве зáморозки, кратковрéменные дождú и грóзы
прекратúться – дождú и грóзы, снегопáд, сúльный вéтер, непрерывные осáдки
ослабéть – атмосфéрное давлéние, осáдки, вéтер
возмóжен (-а, -о, -ы) – в отдéльных райóнах тумáн, временáми сúльная метéль, продолжúтельные дождú
■ Во вторóй половúне дня ожидáются грозовые дождú.

е) Прочитайте следующие предложения, обратите внимание на числительные.
- 25 ноябрá температýра от 1 грáдуса морóза до 2 грáдусов теплá.
- Температýра нóчью 5–10 грáдусов, днём 3–8 грáдусов морóза.
- В Хабáровском крáе местáми метéль, порывистый вéтер до 15–22 мéтров в секýнду.
- Днём вéтер ю́жный, 3–7 мéтров в секýнду.
- В Москвé днём от 0 до 2 грáдусов теплá.
- С 28 мáя по 3 ию́ня ожидáется тёплая погóда, на 3–5 грáдусов выше нóрмы.

ж) Используя информацию о погоде, составьте по образцам ↗131 актуальные тексты.

1.9. Стандартные задания на рецепцию текстов

а) Выпишите из заметок, сообщений и обзоров языковые средства сообщения, выполняющие функции
   - сигнализации информации,
   - обозначения источников информации,
   - обозначения времени событий,
   - обозначения места событий,
   - обозначения повода событий,
   - передачи факта события, его начала, продолжения и конца.

   Систематизируйте их по функциям.

б) Подберите из советских средств массовой информации заметки, сообщения и обзоры печати по темам
   - Борьба за мир и права человека,
   - Демократия в действии,
   - Экономическое развитие,
   - Защита окружающей среды,
   - Культурная жизнь,
   - Спортивные соревнования,
   - Погода.

в) Прочитайте [Прослушайте] информационное сообщение.
   - Определите подтемы сообщения – этапы события, высказывания … .
   - Озаглавьте каждую подтему.
   - К каждой подтеме запишите ключевые слова.
   - Из названий и ключевых слов подтем составьте план данного информационного сообщения.

г) Прочитайте [Прослушайте] новости дня.
   Относительно каждого сообщения ответьте на следующие вопросы:
   - Откуда редакция получила информацию?
   - Когда произошло [происходит, произойдёт] событие?
   - Где произошло [происходит, произойдёт] событие?
   - По какому поводу [случаю] произошло [происходит, произойдёт] событие?
   - О каком событии идёт речь?
   - Кто принял [принимает, примет] участие в этом событии?
   - Какие вопросы и проблемы были [являются, будут] содержанием события?

   На основе ваших ответов подготовьте пересказ сообщений.

д) Прослушайте выпуск »Последних известий« [»Новостей«, »Времени«].
   В ходе прослушивания записывайте опорные слова, заполняя графы схемы –
   по горизонтали: источник, время, место, повод, участники, факт-событие,
   ход события, содержание;
   по вертикали: 1-е сообщение, 2-е сообщение …
   На основе заполненной вами схемы подготовьте пересказ сообщений.

2. Мы пересказываем и обсуждаем новости

2.1. Внешняя организация текста

2.1.1. Название темы

134

сообще́ни|е (Kurz)vortrag
докла́д Vortrag, Referat
выступле́ни|е Ausführungen
обзо́р печа́ти Presseschau
собы́ти|е Ereignis

135

1) Те́ма моего́ | сообще́ния … / докла́да … / выступле́ния …

2) Я бу́ду говори́ть о *чём.*

3)

В своём	обзо́ре информа́ции сообще́нии докла́де выступле́нии	я бу́ду говори́ть я расскажу́	о собы́тиях …

4)

Я хоте́л, -а бы Мне хоте́лось бы	сде́лать	обзо́р материа́лов газе́ты сообще́ние докла́д	на те́му … (сообще́ние, докла́д)
	вы́ступить	с обзо́ром печа́ти. с сообще́нием с докла́дом	на те́му … (с сообще́нием, с докла́дом)

2.1.2. Начало текста

136

разреши́ть/разреша́ть gestatten
позво́лить/позволя́ть erlauben

пре́жде всего́ zuerst, zunächst
снача́ла, внача́ле eingangs, zunächst

1)

Я хо́тел, -а бы Разреши́те Позво́льте	нача́ть	(свой обзо́р) (своё) сообще́ние (свой) докла́д	с *чего́.*
Начина́ю Начну́			

2)

Пре́жде всего́ Снача́ла Внача́ле	(я расскажу́) о *чём.*

2.1.3. Продолжение текста, переход к новой мысли

продолже́ни|е Fortsetzung
мысл|ь Gedanke

перейти́/переходи́ть übergehen
обрати́ться/обраща́ться sich zuwenden

139

<table>
<tr><td rowspan="9">(А) тепéрь
(А) сейчáс
Дáлее
Дáльше</td><td colspan="3">о собы́тиях …</td></tr>
<tr><td colspan="3">о вопрóсе чегó.</td></tr>
<tr><td colspan="3">о том, что …</td></tr>
<tr><td colspan="2">я перейдý/перехожý</td><td rowspan="4">к чемý.</td></tr>
<tr><td colspan="2">я обращýсь/обращáюсь</td></tr>
<tr><td>я бы хотéл, -а</td><td>перейти́</td></tr>
<tr><td>хотéлось бы</td><td>обрати́ться</td></tr>
<tr><td>разреши́те</td><td>рассказáть</td><td rowspan="2">о чём.</td></tr>
<tr><td>позвóльте</td><td>вы́сказать своё мнéние</td></tr>
</table>

2.1.4. Заключение текста

140

заключéни|е Schluß, Ende
закóнчить/закáнчивать beenden
прéжде чем bevor
остáться/оставáться bleiben
послéдн|ий letzter
(по) плагодари́ть *когó/что* danken

141

1)
<table>
<tr><td>Пéред тем, как
Прéжде чем</td><td>закóнчить,</td><td>я хотéл, -а бы …
разреши́те …</td></tr>
</table>

2)
<table>
<tr><td>(Я) закáнчиваю
Разреши́те закóнчить</td><td>(свой) обзóр
(своё) сообщéние
(свой) доклáд
(своё) выступлéние</td><td>словáми …
цитáтой из чегó.</td></tr>
</table>

3)
<table>
<tr><td rowspan="2">Закáнчивая,
В заключéние
Под конéц</td><td rowspan="2">мне хотéлось бы
остаётся тóлько</td><td rowspan="2">сказáть,
отмéтить,
вы́разить
вы́сказать</td><td>что …</td></tr>
<tr><td>что.</td></tr>
</table>

4) И (,наконéц,) послéднее: …
И в заключéние: …

5)
<table>
<tr><td>На э́том я закáнчиваю
Разреши́те на э́том закóнчить
Итáк, я закóнчил, -а</td><td>(свой) обзóр.
(своё) сообщéние.
(свой) доклáд.
(своё) выступлéние.</td></tr>
</table>

Благодарю́ (вас) за внимáние.

2.2. Обращение к слушателям, читателям, собеседникам

2.2.1. Приглашение к совместным размышлениям

142

приглаше́ни|е Aufforderung
размышле́ни|е Nachdenken
продо́лжить/продолжа́ть fortsetzen
верну́ться/возвраща́ться zurückkehren
обобщи́ть/обобща́ть zusammenfassen
подвести́/подводи́ть ито́ги Bilanz ziehen, auswerten

вду́маться/вду́мываться sich hineindenken
останови́ться/остана́вливаться на *чём* eingehen (auf), verweilen
(по)пыта́ться versuchen
сопоста́вить/сопоставля́ть gegenüberstellen

143

1) (Дава́йте)
- начнём с того́, что …
- перейдём к вопро́су *чего́*.
- продо́лжим э́ту мысль.
- вернёмся к собы́тиям …
- обобщи́м ска́занное.
- подведём ито́ги.

2) (Дава́йте)
- вду́маемся в сле́дующие фа́кты.
- обрати́мся к фа́ктам.
- возьмём тако́й приме́р.
- останови́мся на пробле́ме *чего́*
- попыта́емся отве́тить на вопро́с, почему́ …
- сопоста́вим сле́дующие ци́фры.

2.2.2. Учёт знаний слушателей, читателей, собеседников

144

учёт Berücksichtigung
собесе́дник Gesprächspartner
по́мнить *uv.* sich erinnern, noch wissen

коне́чно natürlich
наве́рно wahrscheinlich
разуме́ется selbstverständlich

145

1)

Как вы	(, навéрно,) (, мóжет быть,) (, конéчно,)	(ещё) знáете, … (ещё) пóмните, …

2)

Вы (все)	(, навéрно,) (, конéчно,) (, разумéется,)	(прекрáсно) знáете, (хорошó) пóмните, (ещё) не забы́ли, слы́шали, читáли,	что …

2.2.3. Просьбы к слушателям, собеседникам

146

вспóмнить/вспоминáть sich erinnern, sich ins Gedächtnis zurückrufen
согласи́ться/соглашáться zustimmen, beipflichten
суди́ть *uv.* urteilen
доказáть/докáзывать beweisen
уточни́ть/уточня́ть präzisieren
добáвить/добавля́ть hinzufügen
мысл|ь Gedanke
замечáни|е Bemerkung

147

1)

Вспóмните, Не забывáйте,	пожáлуйста, …

Пойми́те меня́ прáвильно, …
Согласи́тесь, …

Скажи́те Суди́те	сáми: …

2)

Скажи́те, Расскажи́те, Повтори́те, Объясни́те, Уточни́те, Докажи́те,	пожáлуйста, …

3)

Мóжно Разреши́те Позвóльте	вы́сказать добáвить	ещё однý мысль?
	вы́сказать сдéлать	ещё однó замечáние?
	спроси́ть вас, …	
	задáть вопрóс?	

2.2.4. Выражение единства позиций

148

еди́нств|о Einheit(lichkeit)
единодýшн|ый einmütig
конéчно natürlich
навéрно sicherlich
разумéется selbstverständlich
сойти́сь/сходи́ться konform gehen
совпáсть/совпадáть übereinstimmen
согласи́ться/соглашáться zustimmen

149

1)

Мы (все)	(, коне́чно,) (, разуме́ется,)	счита́ем, чу́вствуем, наде́емся приве́тствуем *что* осужда́ем *что.*	что …

2)

Ду́маю, мы (все)	еди́ны единоду́шны схо́димся	в том, что …

3)

Ду́маю, Счита́ю, Уве́рен, -а,	что в э́том пу́нкте на́ши	мне́ния то́чки зре́ния пози́ции	совпада́ют. не расхо́дятся.

4) Вы (все), наве́рно, согласи́тесь со мной, е́сли (я) скажу́, что …

2.3. Ссылка на источники информации для целевого текста

150

ссы́лк|а Bezug, Hinweis
исто́чник Quelle
целев|о́й Ziel-
обзо́р -schau, Übersicht
сообще́ни|е Mitteilung; Kurzvortrag
докла́д Vortrag
выступле́ни|е Ausführungen
заме́тк|а Kurznachricht, Notiz
испо́льзовать *v. und uv.* nutzen, verwenden
(на)печа́тать drucken
(о)публикова́ть veröffentlichen
помести́ть/помеща́ть (in der Presse) bringen
вы́пуск Ausgabe
телепереда́ч|а Fernsehsendung

151

1)

Я вы́брал,-а Я испо́льзовал,-а	для (своего́)	обзо́ра информа́ции сообще́ния докла́да выступле́ния	материа́лы …

2)

В своём	обзо́ре информа́ции сообще́нии докла́де выступле́нии	я ссыла́юсь на материа́лы …

3)

Газе́та … от …	напеча́тала опубликова́ла помести́ла	интере́сное,-ую ва́жное,-ую	сообще́ние о … информа́цию о … заме́тку о …

4)

В газéте »...« от ...	напечáтано,-а опубликóвано,-а помещенó,-а	интерéсное,-ая вáжное,-ая	сообщéние о ... информáция о ... замéтка о ...

5)

Я прочитáл, -а Я нашёл, -шлá	в газéте ... от ... в »Прáвде« от ... в »Извéстиях от ... в журнáле ...	интерéсное, -ую вáжное, -ую	сообщéние о ... информáцию о ... замéтку о ...
Я прослýшал, -а Я слы́шал, -а	по рáдио по телеви́зору		

6)

Я (про)слýшал, -а	»Послéдние извéстия« от ... »Обзóр централ́ьных газéт« от ...	
	ýтренний дневнóй вечéрний	вы́пуск »Послéдних извéстий« от ...

7)

Я (по)смотрéл, -а	»Нóвости« от ... »Врéмя« от ... »Сегóдня в ми́ре« от ...

2.4. Передача содержания исходных текстов

2.4.1. Сигнализация передачи содержания

152

содержáни|е Inhalt
глáвн|ый hauptsächlich
основн|óй grundlegend
кóротко kurz
подрóбно ausführlich
передáть/передавáть wiedergeben
изложи́ть/излагáть darlegen
пересказáть/перескáзывать nacherzählen
разреши́ть/разрешáть gestatten
позвóлить/позволя́ть erlauben, gestatten
прéжде всегó zuerst, zunächst

153

1)

Я хотéл, -а бы Мне хотéлось бы Разреши́те Позвóльте	начáть	с передáчи с изложéния с перескáза	глáвного основнóго	содержáния *чегó.*
Начинáю/начнý				

2)

Пре́жде всего́ Снача́ла Внача́ле	я хоте́л, -а бы мне хоте́лось бы разреши́те позво́льте	ко́ротко подро́бно	переда́ть изложи́ть пересказа́ть рассказа́ть	содержа́ние *чего́.*
		переда́ть изложи́ть пересказа́ть рассказа́ть	гла́вное основно́е	

3)

Пре́жде всего́, Снача́ла Внача́ле	я ко́ротко я подро́бно	переда́м изложу́ перескажу́ расскажу́	содержа́ние *чего́.*
	я переда́м я изложу́ я перескажу́ я расскажу́	гла́вное основно́е	

2.4.2. Передача содержания

154

переда́ч|а содержа́ния Inhaltswiedergabe
сообще́ни|е Mitteilung, Bericht
заме́тк|а Kurznachricht, Notiz
обзо́р -schau, Überblick
вы́пуск Ausgabe
содержа́ть *uv.* enthalten, beinhalten
посвяти́ть/посвяща́ть widmen
косну́ться/каса́ться *чего́* berühren, betreffen
зате́м danach
в заключе́ние zum Schluß

1)

(Э́то) сообще́ние (Эта) заме́тка	соде́ржит информа́цию о *чём.* посвящено́/посвяща́ется *чему́.* каса́ется *чего́.* знако́мит нас с *чем.*

2)

В (э́том) сообще́нии В (э́той) заме́тке	говори́тся речь идёт информи́руется пи́шется расска́зывается соде́ржится информа́ция	о *чём.* вот о чём: … о том, что …

3)

Э́тот вы́пуск	»После́дних изве́стий« »Обзо́ра …« »Новосте́й« »Вре́мени«	соде́ржит сле́дующую информа́цию: посвящён сле́дующим собы́тиям:	во-пе́рвых, … во-вторы́х, … в-тре́тьих, … Кро́ме того́, … и, наконе́ц, …

4)	Пре́жде всего́ Снача́ла Да́лее Зате́м По́сле э́того В заключе́ние	говори́тся речь идёт информи́руется пи́шется	о *чём.* вот о чём: ... о том, что ...

2.5. Выражение мнения

2.5.1. Сигнализация выражения мнения

156

мне́ни|е Meinung
взгляд Ansicht
то́чк|а зре́ния Standpunkt
отноше́ни|е Haltung, Einstellung
пози́ци|я Position, Haltung
впечатле́ни|е Eindruck
замеча́ни|е Bemerkung
соображе́ни|е Gedanke, Erwägung
оце́нк|а Einschätzung, (Be)Wertung
ли́чн|ый persönlich
по по́воду bezüglich
вы́разить/выража́ть ausdrücken
вы́сказать/выска́зывать äußern
вы́сказаться/выска́зываться sich äußern, seine Meinung äußern
изложи́ть/излага́ть darlegen
(по)дели́ться *чем* mitteilen
разреши́ть/разреша́ть gestatten, erlauben
позво́лить/позволя́ть gestatten, erlauben

157

1)	Разреши́те	вы́разить вы́сказать изложи́ть	своё (ли́чное) мне́ние	о *чём.* по *чему́.* по по́воду *чего́.*
			свою́ (ли́чную) то́чку зре́ния на *что.*	

2)	Я хоте́л, -а бы	вы́разить вы́сказать	свой (ли́чный) взгляд на *что.* своё (ли́чное) отноше́ние к *чему́.*
		дать свою́ (ли́чную) оце́нку *чему́.*	

3)	Мне хоте́лось бы	вы́сказать изложи́ть	свою́ (ли́чную) пози́цию	в отноше́нии *чего́.* по вопро́су *чего́.* в э́том вопро́се.

4)	Позво́льте	вы́сказать	не́сколько замеча́ний мои́ соображе́ния	о *чём.*
		изложи́ть свои́ впечатле́ния от *чего́.*		

5)	Я хоте́л, -а бы Разреши́те	подели́ться (с ва́ми)	впечатле́ниями соображе́ниями	о *чём.*
		вы́сказаться по	вопро́су по́воду	*чего́.*

2.5.2. Высказывание

158

выска́зывание (Meinungs)Äußerung (schlechthin, ohne Vorsicht oder Nachdruck)
ду́мать *uv.* meinen, denken
находи́ть *uv.* meinen, finden
полага́ть *uv.* meinen, denken
счита́ть *uv.* meinen, der Ansicht sein
приде́рживаться *uv. чего́* vertreten, stehen, sich halten
сложи́ться/скла́дываться entstehen, sich herausbilden
созда́ться/создава́ться entstehen

159

1) Я (ли́чно) | ду́маю, / нахожу́, / полага́ю, / счита́ю, | что …
   Я (ли́чно) | того́ мне́ния, что …

2) По-мо́ему, / По моему́ мне́нию, / На мой взгляд, / С моéй то́чки зре́ния, | …

3) Моё (ли́чное) | мне́ние | о *чём* / по *чему́* / по по́воду *чего́* | сле́дующее: … / таково́: …
   Моё (ли́чное) | отноше́ние к *чему́* | сле́дующее: … / таково́: …
   Моя́ (ли́чная) то́чка зре́ния на *что* сле́дующая [таково́]: …

4) Я пришёл, [-шла́] к | мне́нию, / то́чке зре́ния, | что …

5) Я приде́рживаюсь | мне́ния, / взгля́да, / то́чки зре́ния, / пози́ции, | что …

6) У меня́ | (сложи́лось) / (создало́сь) | тако́е | впечатле́ние, что …

2.5.3. Предположение

160

предположи́ть/предполага́ть annehmen, vermuten
каза́ться *uv.* scheinen
представля́ться *uv.* scheinen
ошиби́ться/ошиба́ться sich irren
су́дя по *чему́* zu urteilen
мо́жет быть | vielleicht,
возмо́жно | möglicherweise,
пожа́луй | wohl

навéрно **вероя́тно** **должнó быть**	wahrscheinlich, vermutlich
наскóлько	soviel, soweit
извéстно	bekannt
тóчно	genau
ви́димо **по-ви́димому** **очеви́дно** **похóже**	anscheinend, wie es scheint, offenbar

---

161

1) Я | хотéл,-а бы вы́сказать предположéние, / предполагáю, | что …

2) Мóжно | предположи́ть, / предполагáть, | что …
Предполагáется, | что …

3) Мне | дýмается, / кáжется, / представля́ется, | что …

4) …, как мне | дýмается, … / кáжется, … / представля́ется, …

5) Éсли я | не ошибáюсь, … / прáвильно пóнял,-á …

6) Наскóлько | я знáю, … / мне извéстно, …

7) Мóжет быть, я ошибáюсь, / Тóчно не могý сказáть, / Не могý с увéренностью сказáть, | но | дýмаю, / считáю, | что …

8) Мóжет быть, / Возмóжно, / Пожáлуй, / Навéрно, / Вероя́тно, / Должнó быть, | …

9) …, | ви́димо, / по-ви́димому, / очеви́дно, / похóже, / сýдя по всемý, | …

2.5.4. Утверждение

162

утверди́ть/утверждáть behaupten
убеди́ться/убеждáться sich überzeugen
определённост|ь Bestimmtheit
основáни|е Berechtigung, Recht
увéренност|ь Gewißheit, Sicherheit
преувеличéни|е Übertreibung
глубóк|ий tief
совершéнно vollkommen
твёрдо fest

конéчно **(самó собóй) разумéется** **естéственно**	natürlich, selbstverständlich
несомнéнно **без сомнéния** **безуслóвно**	zweifellos, zweifelsohne, bestimmt, gewiß

бесспóрно unbestreitbar, sicher
я́сно klar
вся́к|ий jeglicher

163

1)

Я (ли́чно)	утвержда́ю, что … соверше́нно твёрдо абсолю́тно	убеждён,-а́ уве́рен,-а	(в том), что …

2)

Я (ли́чно)	убеди́лся, -лась не сомнева́юсь	(в том), что …
Мо́жно не сомнева́ться Тру́дно усомни́ться		

3)

Мо́жно	со всей определённостью с по́лным основа́нием с уве́ренностью без преувеличе́ния	сказа́ть, утвержда́ть,	что …

4)

Нет Не мо́жет быть Нет и не мо́- жет быть	(никако́го) (ни мале́йшего)	сомне́ния (в том), что …

5) По моему́ (глубо́кому) убежде́нию, …

Без (вся́кого) сомне́ния то, (Соверше́нно) я́сно, Я не ошибу́сь, е́сли скажу́,	что …

6)

Коне́чно, (Само́ собо́й) разуме́ется, Есте́ственно,	…

7)

…,	несомне́нно, без сомне́ния, безусло́вно, бесспо́рно,	…

2.5.5. Подчёркивание

164

подчеркну́ть/подчёркивать unterstreichen
отме́тить/отмеча́ть hervorheben
обрати́ть/обраща́ть внима́ние на *что* Aufmerksamkeit lenken
удели́ть/уделя́ть внима́ние *чему́* Aufmerksamkeit widmen
повтори́ть/повторя́ть wiederholen
призна́ть/признава́ть anerkennen
пре́жде всего́ vor allem
в пе́рвую о́чередь in erster Linie
гла́вным о́бразом hauptsächlich
осо́бо, осо́бенно besonders

нельзя́ / **не сле́дует** + *uv.* man darf [soll] nicht
нельзя́ / **невозмо́жно** + *v.* man kann nicht, es ist unmöglich
забы́ть/забыва́ть vergessen
отрица́ть *uv.* verneinen, negieren
упусти́ть/упуска́ть и́з виду außer acht lassen
закры́ть/закрыва́ть глаза́ die Augen verschließen
оста́вить/оставля́ть без внима́ния unbeachtet lassen
пройти́/проходи́ть ми́мо *чего́* vorbeigehen

165

1)

Хо́чется Хоте́лось бы На́до Ну́жно Необходи́мо Сле́дует Ва́жно	пре́жде всего́ в пе́рвую о́чередь гла́вным о́бразом осо́бо осо́бенно	подчеркну́ть, отме́тить,	что ...
	обрати́ть осо́бое внима́ние на *что.* удели́ть осо́бое внима́ние *чему́.*		

2)

Я	подчёркиваю, повторя́ю,	что ...

3)

...,	подчёркиваю, повторя́ю,	...

4)

Нельзя́ + *uv.* Не сле́дует + *uv.*	забыва́ть (о том), отрица́ть (того́), упуска́ть и́з виду, закрыва́ть глаза́ на то, оставля́ть без внима́ния (того́),	что ...

5)

Нельзя́ + *v.* Невозмо́жно + *v.*	не призна́ть, не подчеркну́ть, не отме́тить, пройти́ ми́мо того́ фа́кта,	что ...
	не сказа́ть (хотя́ бы) не́сколько слов о *чём.*	

2.5.6. Личная оценка

166

ли́чн|ый persönlich
оцени́ть/оце́нивать einschätzen, (be)werten
расцени́ть/расце́нивать (be)werten, einschätzen
высоко́ hoch
положи́тельно positiv
отрица́тельно negativ
(о)характеризова́ть charakterisieren
рассма́тривать *uv.* betrachten
счита́ть *uv. кого́/что кем/чем* halten für
находи́ть *uv. кого́/что кем/чем* halten für
назва́ть/называ́ть *кого́/что кем/чем* bezeichnen, nennen
заслу́живать *uv. чего́* verdienen
явля́ться *uv. чем* sein
представля́ть (собо́й) *uv.* sein
относи́ться *uv.* gehören

2.5.6.1. Общие конструкции

167

1)

Я	оце́ниваю оцени́л, -а бы	*что*	*как.*
Что мо́жно [на́до] оцени́ть			

■ Я оцени́ла бы э́то соглаше́ние о́чень высоко́ [положи́тельно].

2)

Я	оце́ниваю оцени́л, -а бы	*что*	*как*, то́ есть как	*како́е.* *что.*
Что мо́жно [на́до] оцени́ть				

■ Я оце́ниваю э́то совеща́ние о́чень высоко́, то́ есть как истори́ческое.

3)

Я	оце́ниваю [оцени́л, -а бы] расце́ниваю [расцени́л, -а бы] характеризу́ю [охарактеризова́л, -а бы] рассма́триваю	*что* как	*како́е.* *что.*

■ Я расце́ниваю э́то реше́ние как своевре́менное и ну́жное, как доказа́тельство до́брой во́ли ...

4)

Что	мо́жно на́до сле́дует	оцени́ть расцени́ть охарактеризова́ть рассма́тривать	как	*како́е.* *что.*

■ Таки́е де́йствия, на мой взгляд, на́до рассма́тривать как чрезвыча́йно опа́сные.

5)

Оце́нивая Расце́нивая Характеризу́я Рассма́тривая	*что*,	на́до сле́дует	сказа́ть, отме́тить, подчеркну́ть,	что ...

■ Характеризу́я э́то собы́тие, сле́дует, пре́жде всего́, подчеркну́ть, что оно́ явля́ется ...

6)

Я	счита́ю нахожу́	*что*	*каки́м.* *чем.*

■ Я счита́ю э́тот конце́рт прекра́сным [выдаю́щимся собы́тием в культу́рной жи́зни ...].

7)

Что	мо́жно на́до	счита́ть назва́ть	*каки́м.* *чем.*

■ Ны́нешний урожа́й мо́жно назва́ть реко́рдным (урожа́ем).

8)

Что заслу́живает	высо́кой [положи́тельной] оце́нки. (всео́бщего) одобре́ния. (осо́бого) внима́ния.

■ Я сказа́л бы, что э́тот фестива́ль заслу́живает са́мой высо́кой оце́нки.

9) *Что* явля́ется *чем.*

■ Я ду́маю, что э́тот шаг прави́тельства ... явля́ется серьёзной оши́бкой.

10) *Что* представля́ет (собо́й) *что.*

■ Я счита́ю, что э́тот акт представля́ет собо́й вмеша́тельство во вну́тренние дела́ ... наро́да.

11) *Что* отно́сится к *чему́.*

■ Э́та встре́ча, мо́жет быть, отно́сится к велича́йшим собы́тиям после́днего вре́мени.

2.5.6.2. Лексика положительной оценки

ва́жн|ый, -ая, -ое, -ые wichtig
о́чень ~, осо́бенно ~, чрезвыча́йно ~, жи́зненно ~; важне́йший; ~ вклад, ~ вопро́с, ~ собы́тие

вели́к|ий, -ая, -ое, -ие
groß, bedeutend
велича́йший; ~ де́ло, ~ день, ~ собы́тие

впечатля́ющ|ий, -ая, -ее, -ие
beeindruckend
~ результа́ты, ~ успе́хи, ~ ци́фры

выдаю́щ|ийся, -аяся, -ееся, -иеся
hervorragend, bedeutend
~ вклад во *что*, ~ результа́т, ~ роль, ~ собы́тие, ~ успе́х

до́бр|ый, -ая, -ое, -ые gut
о́чень ~, осо́бенно ~, чрезвыча́йно ~; ~ дела́, ~ отноше́ния, ~ переме́ны, ~ приме́р, ~ сотру́дничество, ~ тради́ции

знамена́тельн|ый, -ая, -ое, -ые
denkwürdig, bedeutsam
~ да́та, ~ день, ~ собы́тие

ключев|о́й, -а́я, -о́е, -ы́е Schlüssel-
~ вопро́с, ~ пробле́ма

неоцени́м|ый, -ая, -ое, -ые
unschätzbar
~ вклад во *что*, ~ значе́ние

образцо́в|ый, -ая, -ое, -ые
beispielhaft
~ дисципли́на, ~ отноше́ние к *чему́*, ~ отноше́ния ме́жду *кем/чем*

отве́тственн|ый, -ая, -ое, -ые
verantwortungsvoll
о́чень ~, чрезвыча́йно ~; ~ зада́ние, ~ моме́нт, ~ реше́ние, ~ роль, ~ шаг

плодотво́рн|ый, -ая, -ое, -ые
fruchtbar
~ влия́ние, ~ де́ятельность, ~ перегово́ры, ~ сотру́дничество

поле́зн|ый, -ая, -ое, -ые nützlich
о́чень ~, чрезвыча́йно ~; ~ бесе́да, ~ де́ло, ~ перегово́ры

положи́тельн|ый, -ая, -ое, -ые
positiv
~ влия́ние, ~ ито́ги, ~ отве́т, ~ реше́ние, ~ факт

пра́вильн|ый, -ая, -ое, -ые richtig
~ вы́ход из поло́жения, ~ ку́рс, ~ путь

разу́мн|ый, -ая, -ое, -ые vernünftig
о́чень ~, вполне́ ~, чрезвыча́йно ~; ~ отве́т, ~ поли́тика, ~ предложе́ние, ~ реа́кция, ~ шаг

справедли́в|ый, -ая, -ое, -ые gerecht
абсолю́тно ~, вполне́ ~; ~ борьба́, ~ де́ло, ~ мир, ~ тре́бования

суще́ственн|ый, -ая, -ое, -ые wesentlich
~ вклад, ~ значе́ние, ~ измене́ние, ~ роль, ~ сдвиг, ~ улучше́ние, ~ шаг

169

ве́х|а Meilenstein
ва́жная ~, выдаю́щаяся ~, значи́тельная ~, па́мятная ~, сла́вная ~; ~ в исто́рии *кого́/чего́*, ~ в разви́тии *кого́/чего́*, ~ на пути́ к *чему́*

вклад во *что* Beitrag
большо́й ~, ва́жный ~, выдаю́щийся ~, досто́йный ~, значи́тельный ~, суще́ственный ~, це́нный ~; ~ в де́ло *чего́*, внести́/вноси́ть ~ во *что*

краеуго́льн|ый ка́мен|ь Eckpfeiler
~ вне́шней поли́тики, ~ перестро́йки

образе́ц Muster, Beispiel
выдаю́щийся ~, прекра́сный ~, я́ркий ~; ~ му́жества

переворо́тн|ый [перело́мн|ый] пункт [моме́нт] Wendepunkt ↗ **поворо́тный пункт**

про́бн|ый ка́мень Prüfstein
~ до́брой во́ли, ~ обновле́ния, ~ перестро́йки, ~ поворо́та

побе́д|а Sieg
ва́жная ~, вели́кая ~, истори́ческая ~, по́лная ~; ~ в борьбе́ за *кого́/что* ~ про́тив *кого́/чего́*; ~ на вы́борах, ~ на пути́ к *чему́*; ~ над си́лами реа́кции; ~ здра́вого смы́сла и ра́зума

поворо́тн|ый пункт Wendepunkt
~ в исто́рии *кого́/чего́*, ~ в поли́тике *кого́/чего́*, ~ в отноше́ниях ме́жду *кем/чем*, ~ в разви́тии *кого́/чего́*

приме́р Beispiel
до́брый ~, ещё оди́н ~, нагля́дный ~, поучи́тельный ~, убеди́тельный ~, я́ркий ~; ~ до́брой во́ли, ~ ми́рной [миролюби́вой] поли́тики, ~ плодотво́рного сотру́дничества

сдвиг deutlicher Fortschritt
большо́й ~, заме́тный ~, значи́тельный ~, ка́чественный ~; ~ в борьбе́ за [про́тив] ..., ~ в отноше́ниях ме́жду *кем/чем*, ~ в разви́тии *чего́*

успе́х Erfolg
большо́й ~, бесспо́рный ~, впечатля́ющий ~, кру́пный ~, по́лный ~; ~ в борьбе́ за *кого́/что* [про́тив *кого́/чего́*], ~ в де́ле *чего́*

шаг Schritt
большо́й ~, ва́жный ~

2.5.6.3. Лексика отрицательной оценки

безотве́тственн|ый, -ая, -ое, -ые verantwortungslos
~ акт, ~ ме́ры, ~ мероприя́тие, ~ реше́ние, ~ шаг

вражде́бн|ый, -ая, -ое, -ые feindlich, feindselig
осо́бенно ~, откры́то ~, подчёркнуто ~; ~ выступле́ние, ~ де́йствия, ~ заявле́ние, ~ курс, ~ли́ния, ~ отноше́ние

вре́дн|ый, -ая, -ое, -ые schädlich
о́чень ~, осо́бенно ~, чрезвыча́йно ~, в вы́сшей сте́пени ~; ~ взгля́ды, ~ влия́ние, ~ выска́зывание, ~ привы́чка, ~после́дствия, ~ реше́ние

жесто́к|ий, -ая, -ое, -ие grausam
о́чень ~, осо́бенно ~, чрезвыча́йно ~, ~ де́йствия, ~ курс, ~ ме́тоды, ~ распра́ва, ~ репре́ссии

клеветни́ческ|ий, -ая, -ое, -ие verleumderisch
~ выска́зывание, ~ выступле́ние, ~ кампа́ния, ~ речь, ~ утвержде́ние

ло́жн|ый, -ая, -ое, -ые unwahr, falsch
~ обвине́ние, ~ утвержде́ние, ~ шаг

недружелю́бн|ый, -ая, -ое, -ые unfreundlich
~ акт, ~ де́йствия, ~ шаг

недру́жественн|ый, -ая, -ое, -ые unfreundlich
чрезвыча́йно ~; ~ акт, ~ де́йствия, ~ поли́тика, ~ шаг

необду́манн|ый, -ая, -ое, -ые unbedacht
~ де́йствия, ~ ме́ры, ~ реше́ние, ~ шаг

непра́вильн|ый, -ая, -ое, -ые falsch
↗ **необду́манный**

неразу́мн|ый, -ая, -ое, -ые unvernünftig ↗ **необду́манный**

опа́сн|ый, -ая, -ое, -ые gefährlich
дово́льно ~, о́чень ~, чрезвыча́йно ~; опа́снейший; ~ де́йствия, ~ курс, ~ мероприя́тие, ~ план, ~ поли́тика, ~ положе́ние, ~ путь

отрица́тельн|ый, -ая, -ое, -ые negativ
~ влия́ние, ~ возде́йствие, ~ ито́ги, ~ отноше́ние, ~ пози́ция, ~ приме́р, ~ реше́ние, ~ фа́ктор, ~ явле́ние

171

вмеша́тельств|о Einmischung ↗ 38

за́говор Verschwörung, Komplott
антиправи́тельственный ~, опа́сный ~, полити́ческий ~, та́йный ~; ~ про́тив прави́тельства

изме́н|а *чему́* Verrat
госуда́рственная ~, по́длая ~; ~ иде́ям *кого́/чего́*, ~ Ро́дине

наруше́ни|е Verletzung, Verstoß ↗ 33

неуда́ч|а Mißerfolg
по́лная ~

обма́н Betrug
созна́тельный ~, я́вный ~; ~ люде́й, ~ наро́дов, ~ обще́ственного мне́ния

опа́сност|ь Gefahr ↗ 38

оши́бк|а Fehler

пережи́ток Überbleibsel, Relikt
-ки про́шлого, -ки ста́рого мышле́ния

попра́ни|е
Mißachtung, grobe Verletzung ↗ 33

пораже́ни|е Niederlage
кру́пное ~, по́лное ~, тяжёлое ~; ~ в борьбе́, ~ на вы́борах, ~ на пути́ к *чему́*; (по)терпе́ть ~

препя́тстви|е к *чему́* Hindernis
гла́вное ~, основно́е ~, серьёзное ~; ~ к достиже́нию *чего́*, ~ к осуществле́нию *чего́*, ~ к реше́нию *чего́*; ~ на пути́ к *чему́*

преступле́ни|е Verbrechen

прова́л Fiasko, Einbruch
по́лный ~

угро́з|а Bedrohung ↗ 38

шаг наза́д Schritt zurück
~ в разви́тии *чего́*, ~ в созда́нии *чего́*, ~ в строи́тельстве *чего́*

2.5.7. Личное отношение

2.5.7.1. Отношение »за«, положительное отношение

Поддержка, одобрение

172

поддержа́ть/подде́рживать unterstützen
одо́брить/одобря́ть gutheißen
приве́тствовать *uv.* begrüßen
вы́сказаться/выска́зываться за *кого́/чего́* sich aussprechen
вы́ступить/выступа́ть за *кого́/чего́* eintreten
отнести́сь/относи́ться sich verhalten
положи́тельн|ый positiv
горя́ч|ий heiß
единоду́шн|ый einmütig
и́скренн|ий aufrichtig
по́лн|ый voll
душ|а́ Seele, Herz
се́рдц|е Herz
ра́зум Verstand
го́лос Stimme
подня́ть/поднима́ть erheben
защи́т|а Schutz, Verteidigung

173

1)

Я	(выска́зываюсь) (выступа́ю) (стою́)	за	*что.* то, *что́бы + Inf.*

■ Я выска́зываюсь за э́то предложе́ние, за то, чтобы неме́дленно нача́ть соотве́тствующие перегово́ры.

2)

К *чему́* я отношу́сь	положи́тельно. с (по́лным) одобре́нием. с (по́лным) понима́нием.

■ К э́тому ша́гу прави́тельства ... я, коне́чно, отношу́сь положи́тельно, с по́лным одобре́нием.

3)

Что нахо́дит на́ше, -у	(по́лное, -ую) (горя́чее, -ую) (и́скреннее, -юю)	одобре́ние. подде́ржку.

■ Я́сно, что э́та иде́я нахо́дит на́шу по́лную подде́ржку.

4) Мы на стороне́ *кого́.* ■ Мы все, разуме́ется, на стороне́ демонстра́нтов.

Выражение положительных чувств

174

чу́вств|о Gefühl
положи́тельн|ый positiv
вы́звать/вызыва́ть hervorrufen
испыта́ть/испы́тывать empfinden

(по)нра́виться gefallen
дово́лен *чем* zufrieden
удовлетвори́ть/удовлетворя́ть befriedigen
удовлетворе́ни|е Befriedigung
облегче́ни|е Erleichterung
призна́тельност|ь Dankbarkeit
благода́рн|ый dankbar
благода́рност|ь Dankbarkeit
(об)ра́доваться *чему́* sich freuen
ра́дост|ь за *кого́/что* Freude
уважа́ть *uv.* achten
уваже́ни|е Achtung
горди́ться *uv. кем/чем* stolz sein
го́рдост|ь за *кого́/что* Stolz
(высоко́) **цени́ть** (hoch) schätzen
восхити́ться/восхища́ться *кем/чем* sich begeistern
восхище́ни|е *кем/чем*, от *чего́* Begeisterung
восторга́ться *uv. чем* sich begeistern
восто́рг Begeisterung
быть в -е
сочу́вствовать *uv. кому́/чему́* mitfühlen, Mitgefühl haben
сочу́встви|е (к) *кому́/чему́* Mitgefühl
(о)беспоко́иться за *кого́/что* sich beunruhigen, besorgt sein
беспоко́йств|о за *кого́/что* Unruhe, Beunruhigung
(вз)волнова́ться за *кого́/что* sich beunruhigen, besorgt sein
(вс)трево́житься за *кого́/что* sich beunruhigen, besorgt sein
трево́г|а за *кого́/что* Sorge (um)

175

1)

Мне (осо́бенно) нра́вится		*что.*
Меня́ (осо́бенно)	ра́дует удовлетворя́ет	то, что …

■ Меня́ осо́бенно ра́дует тот факт, что мы доби́лись пе́рвых успе́хов в оздоровле́нии эконо́мики.

2)

Мы	дово́льны горды́ горди́мся	*чем.* тем, что …

■ Мы все, разуме́ется, о́чень дово́льны полити́ческим урегули́рованием конфли́кта.

3)

Мы	ра́ды ра́дуемся	*чему́.* тому́, что …

■ Мы, коне́чно, о́чень ра́дуемся тому́, что … получи́ла специа́льный приз.

4)

Мы	солида́рны выража́ем свою́ солида́рность заявля́ем о свое́й солида́рности	с *кем.*

■ Мы, бесспо́рно, все солида́рны с герои́ческим наро́дом … .

5)

С	*каки́м чу́вством* чу́вством *чего́*	я	прочита́л, -а услы́шал, -а узна́л, -а	о *чём.* о том, что …
			воспри́нял, -а *что*/то, что …	
			слежу́ за *чем*/за тем, что …	

■ С глубо́ким удовлетворе́нием я прочита́ла в … об ито́гах вы́боров в …

6)

Что	вызываéт вы́звало	(у меня́) (у нас)	*какóе чу́вство.* чу́вство *чегó.*

■ Сообщéние об освобождéнии … вы́звало у нас большу́ю рáдость.

7)

В связи́ с *чем* По пóводу *чегó*	я испы́тываю мы испы́тываем	*какóе чу́вство.* чу́вство *чегó.*

■ В связи́ с огрóмным успéхом нáшего фи́льма на … кинофестивáле мы испы́тываем рáдость и гóрдость.

8)

Мы (óчень)	беспокóимся волну́емся тревóжимся	за *когó/что.*

Мы (óчень) сочу́вствуем *кому́/чему́.*

■ Мы тревóжимся за судьбу́ залóжников, сочу́вствуем их сéмьям.

Желания, предложения

176

желáни|е Wunsch
желáтельно wünschenswert
предложéни|е Vorschlag
надéяться *uv.* hoffen
необходи́мо notwendig
полéзно nützlich
стóить sich lohnen
не лу́чше ли wäre es nicht besser
почему́ бы и не warum sollte man nicht

177

1)

Мы хотéли бы, Хотéлось бы,	чтóбы + *Prät.*

■ Óчень хотéлось бы, чтóбы э́ти дéйствия прекрати́лись.

2)

Мы надéемся, Хóчется Остаётся	надéяться,	что …

■ Мы все, конéчно, надéемся, что ситуáция в э́том региóне скóро измéнится к лу́чшему.

3) Я был, -á бы (óчень) рад, -а, éсли бы + *Prät.*

■ Я был бы рад, éсли бы был и́збран президéнтом ны́нешний председáтель …

4)

Нáдо (бы) Необходи́мо Вáжно	+ *Inf.*

■ По моему́ убеждéнию, необходи́мо обращáть гораздо бóльшее внимáние на разви́тие …

5)

Бы́ло бы	хорошó лу́чше желáтельно полéзнее эффекти́внее	+ *Inf.* , éсли бы + *Prät.*

■ Бы́ло бы, несомнéнно, лу́чше, éсли бы э́ти мéры нé были при́няты.

6) Не лу́чше ли / Почему́ бы и не | + *Inf.*?

■ Спра́шивается, почему́ бы и не провести́ рефере́ндум по э́тому вопро́су?

Согласие

178

согласи́ться/соглаша́ться einverstanden sein, beipflichten
поддержа́ть/подде́рживать unterstützen
раздели́ть/разделя́ть teilen
приде́рживаться *uv.* vertreten
присоедини́ться/присоединя́ться sich anschließen
ве́рно richtig, stimmt
пра́в|ый recht haben, im Recht sein

коне́чно natürlich
действи́тельно / **в са́мом де́ле** | in der Tat
безусло́вно zweifellos, gewiß
вполне́ [по́лностью] / **соверше́нно** | vollkommen, völlig
в основно́м im Grunde
части́чно [отча́сти] teilweise
нельзя́ не man muß, man kann nicht umhin

179

1) (Да,) это | так. / пра́вда.

2) (Соверше́нно) | пра́вильно. / ве́рно.

3) Ты прав, -а́.
Вы пра́вы.

4) Коне́чно. [Действи́тельно. В са́мом де́ле. Безусло́вно.]

5) Я (приде́рживаюсь) того́ же мне́ния.

6) Я | подде́рживаю / разделя́ю | твоё мне́ние. / твою́ то́чку зре́ния.

7) Я присоединя́юсь к твоему́ мне́нию [к твое́й то́чке зре́ния].

8) Я | вполне́ [по́лностью] / соверше́нно / в основно́м / в при́нципе / части́чно [отча́сти] | согла́сен, -сна | с тобо́й. / с тем, что ты сказа́л, -а. / с твои́м мне́нием. / с твое́й то́чкой зре́ния. / с твое́й оце́нкой.

9) Мо́жно / Нельзя́ не | согласи́ться | с тобо́й. / с тем, что ты сказа́л, -а.

2.5.7.2. Отношение »против«, отрицательное отношение

Отклонение, осуждение

отклони́ть/отклоня́ть ablehnen
осуди́ть/осужда́ть verurteilen
отве́ргнуть/отверга́ть zurückweisen
вы́сказаться/выска́зываться про́тив *кого́/чего́* sich aussprechen
вы́ступить/выступа́ть про́тив *кого́/чего́* auftreten
отнести́сь/относи́ться sich verhalten
отрица́тельн|ый negativ
гне́вн|ый zornig
единоду́шн|ый einmütig
ре́зк|ий scharf
реши́тельн|ый entschieden
го́лос Stimme
подня́ть/поднима́ть erheben

181

1)

Я	выска́зываюсь выступа́ю	про́тив	*чего́.* того́, *что́бы + Inf.*

■ Я выступа́ю про́тив э́того предложе́ния, про́тив того́, что́бы провести́ э́то мероприя́тие.

2)

К *чему́* я отношу́сь	отрица́тельно. крити́чески.

■ К э́тому ша́гу на́шего прави́тельства я, открове́нно говоря́, отношу́сь отрица́тельно.

3)

Мы	единоду́шно ре́зко реши́тельно	отклоня́ем осуждаем отверга́ем	*что.*

■ Мы, как и все миролюби́вые лю́ди, реши́тельно осужда́ем э́тот акт наси́лия про́тив …

4)

Мы	гне́вно ре́зко реши́тельно	протесту́ем про́тив *чего́.*

■ Вме́сте со все́ми людьми́ до́брой во́ли мы протесту́ем про́тив вторже́ния войск … на террито́рию …

Выражение отрицательных чувств

182

чу́вств|о Gefühl
отрица́тельн|ый negativ
вы́звать/вызыва́ть hervorrufen
испыта́ть/испы́тывать empfinden
жаль [жа́лко] schade
сожале́ть *uv. о чём* bedauern
сожале́ние по по́воду *чего́* Bedauern
разочарова́ть/разочаро́вывать enttäuschen
разочарова́ться/разочаро́вываться в *ком/чём* enttäuscht sein [werden]
разочарова́ни|е Enttäuschung
недово́лен *кем/чем* unzufrieden
недово́льств|о *кем/чем*, по по́воду *чего́* Unzufriedenheit

(о)беспоко́ить beunruhigen
беспоко́йство по по́воду *чего́* Beunruhigung, Unruhe
озабо́чен *чем* besorgt
озабо́ченность *чем*, в связи́ с *чем* Beunruhigung
(вз)волнова́ть aufregen
(вс)трево́жить in Unruhe versetzen
трево́г|а Unruhe, Sorge
боя́ться *uv. кого́/чего́* fürchten
опаса́ться *uv. чего́* befürchten
опасе́ни|е относи́тельно *чего́* Befürchtung
возмути́ть/возмуща́ть empören
возмути́ться/возмуща́ться чем sich empören
возмуще́ни|е *чем*, про́тив *чего́* Empörung
негодова́ть на *кого́/что*, про́тив *кого́/чего́*, sich entrüsten
негодова́ни|е в связи́ с *чем* Entrüstung
гнев про́тив *кого́/чего́* Zorn
потрясти́/потряса́ть erschüttern
потрясе́ни|е по по́воду *чего́* Erschütterung
отвраще́ни|е к *кому́/чему́* Abscheu

183

1)

Я	бою́сь (того́), сожале́ю (о том),	что ...

■ Бою́сь, что по́сле э́того недру́жественного а́кта встре́ча не состо́ится.

2)

Я	недово́лен, -льна разочаро́ван, -а озабо́чен, -а встрево́жен, -а взволно́ван, -а возмущён, -а́	*чем.* тем, что ...

■ Я глубоко́ озабо́чена тем, что антиправи́тельственные выступле́ния уси́ливаются.

3)

Меня́	разочаро́вывает беспоко́ит трево́жит волну́ет возмуща́ет	*что.* то, что ... тот факт, что ...

■ Не скрыва́ю, что ито́ги совеща́ния меня́ разочаро́вывают. Я ожида́л бо́льшего.

4)

С	*каки́м чу́вством* чу́вством *чего́*	я	прочита́л, -а услы́шал, -а узна́л, -а	о *чём.* о том, что ...
			воспри́нял, -а́ *что.* [то, что ...]	
			слежу́ за *чем.* [за тем, что ...]	

■ С большо́й трево́гой я слежу́ за собы́тиями в ...

5)

Что	вызыва́ет вы́звало	у меня́ у нас	*како́е чу́вство.* чу́вство *чего́.*

■ Информа́ция о неуда́че конфере́нции вы́звала у меня́ озабо́ченность дальне́йшей судьбо́й ...

6)

В связи́ с *чем* По по́воду *чего́*	я испы́тываю мы испы́тываем	*како́е чу́вство.* чу́вство *чего́.*

■ В связи́ с волне́ниями в ... мы испы́тываем беспоко́йство и трево́гу.

Несогласие

184

несогла́си|е Ablehnung
возрази́ть/возража́ть про́тив *чего́* widersprechen
маловероя́тно kaum wahrscheinlich
сомни́тельно zweifelhaft
вряд ли kaum, schwerlich
едва́ ли kaum, schwerlich
неве́рно falsch
и́на́че anders
ино́й anderer
противополо́жн|ый entgegengesetzt
невозмо́жно | **нельзя́** + *v.* — unmöglich

185

1)

Маловероя́тно, Сомни́тельно, Не ду́маю, Не убеждён, Не уве́рен,	что э́то	так. пра́вда. пра́вильно. ве́рно.

2)

Вряд ли Едва́ ли	э́то так. э́то пра́вда. э́то пра́вильно. э́то ве́рно.

3)

Э́то (, по-мо́ему,)	не так. непра́вда. непра́вильно. неве́рно.

4)

Я	ду́маю, счита́ю,	что	ты не прав, -а́. вы не пра́вы.

5)

Я	ду́маю и́на́че [по-друго́му]. дру́гого мне́ния. возража́ю про́тив *чего́.*

6)

(Я)	(абсолю́тно) (соверше́нно)	не согла́сен, -сна.

7)

(Ника́к)	не могу́ не́льзя невозмо́жно	согласи́ться	с тобо́й. с твои́м мне́нием. с твое́й то́чкой зре́ния.

8)

(Я) не	подде́рживаю могу́ поддержа́ть разделя́ю	твоё мне́ние. твою́ то́чку зре́ния.

9)

(Я) не могу́ присоедини́ться к	твоему́ мне́нию. твое́й то́чке зре́ния.

10)

Я приде́рживаюсь	друго́го, -ой ино́го, -ой противополо́жного, -ой	мне́ния. то́чки зре́ния.

2.5.8. Отказ от выражения мнения

186

выраже́ни|е мне́ния Meinungsäußerung
отка́з Verzicht, Ablehnung
вы́сказать/выска́зывать äußern
вы́сказаться/выска́зываться
sich äußern, seine Meinung äußern
взя́ться/бра́ться
auf sich nehmen, übernehmen
суди́ть *uv.* urteilen
сложи́ться/скла́дываться
sich herausbilden, entstehen

со́бственн|ый eigen
определённ|ый bestimmt
по э́тому по́воду diesbezüglich
воздержа́ться/возде́рживаться
sich enthalten, verzichten
разобра́ться/разбира́ться
gut verstehen, sich zurechtfinden
безразли́чн|ый gleichgültig

187

1) Я ничего́ не могу́ сказа́ть об э́том.

2) Я об э́том сли́шком ма́ло зна́ю, что́бы вы́сказаться.

3) Я не беру́сь суди́ть об э́том.

4)

У меня́	(ещё) (пока́) (пока́ ещё)	нет не сло- жи́лось	своего́ со́бственного определённого	мне́ния	об э́том. по э́тому вопро́су. по э́тому по́воду.

5)

Я	возде́рживаюсь бы пока́ воздержа́лась	от выска́зывания мне́ния.

6) Да́йте мне, пожа́луйста, вре́мя поду́мать. Я ещё не разобра́лся, -а́сь.

7)

Я	об э́том по э́тому вопро́су по э́тому по́воду	не могу́ вы́сказаться. не хочу́ выска́зываться.

8)

Мне бы не хоте́лось У меня́ нет жела́ния	выска́зываться выска́зывать мне́ние	об э́том по э́тому вопро́су. по э́тому по́воду.

9) Меня́ (всё) э́то не интересу́ет.

10) Мне (всё) э́то безразли́чно.

2.6. Обоснование мнения

обоснова́ть/обосно́вывать begründen
обоснова́ни|е Begründung
потому́ что weil, denn
(Придаточное предложение с этим союзом всегда стоит после главного предложения!)
так как da, weil, denn
ведь doch *(nachgestellt)*, denn
поско́льку da, weil
потому́, что … deshalb, weil …
по́этому deshalb, darum
по э́той причи́не aus diesem Grunde
во́т почему́ deshalb

2.6.1. Сигнализация обоснования

1)

Разреши́те Попро́бую	обоснова́ть аргументи́ровать	э́то, -у моё, -ю́	мне́ние. то́чку зре́ния. оце́нку. пози́цию.

2)

Позво́льте Попыта́юсь Постара́юсь	для обоснова́ния в обоснова́ние	(ска́занного) привести́ аргуме́нты.

2.6.2. Общие конструкции

1)

Мне́ние ↗ 156–185	, потому́ что … , так как … , ведь … , поско́льку … . Почему́ (я так ду́маю)? Да пото́му, что …	*аргуме́нты.* ↗ 191

■ Мы горячо́ приве́тствуем э́то реше́ние, так как оно́, бесспо́рно, спосо́бствует ми́рному реше́нию пробле́мы.

2)

Аргуме́нты. ↗ 191	По́этому … По э́той причи́не … Вот почему́ …	*мне́ние.* ↗ 156–185

■ Э́то реше́ние, бесспо́рно, спосо́бствует ми́рному реше́нию пробле́мы. Во́т почему́ мы его́ горячо́ приве́тствуем.

2.6.3. Основания (аргументы)

191

имéть значéние Bedeutung haben
имéть большóе [вáжное, всеми́рное, междунарóдное, решáющее] значéние; ~ в сотрýдничестве; ~ для повышéния *чегó*, ~ для улучшéния *чегó*, ~ для урегули́рования *чегó*

сыгрáть/игрáть роль Rolle spielen
сыгрáть/игрáть большýю [вáжную, глáвную, значи́тельную, огрóмную, положи́тельную, решáющую, отрицáтельную] роль; ~ в истóрии *когó/чегó*, ~ в поли́тике, ~ в разви́тии *чегó*

оказáть/окáзывать влия́ние
Einfluß ausüben
оказáть/окáзывать большóе [глубóкое, значи́тельное, положи́тельное, отрицáтельное] влия́ние; ~ на собы́тия в [на] ..., ~ на судьбý *когó/чегó*, ~ на ход *чегó*

внести́/вноси́ть вклад
Beitrag leisten
внести́/вноси́ть большóй [вáжный, выдаю́щийся, неоцени́мый, огрóмный, существенный] вклад; ~ в дéло *чегó*, ~ в оздоровлéние *чегó*, в решéние *чегó*

дать/давáть [придáть/придавáть] и́мпульс Impuls verleihen
дать/давáть [придáть/придавáть] нóвый [си́льный, энерги́чный] и́мпульс; ~ обновлéнию, ~ перестрóйке, ~ разоружéнию, ~ ускорéнию *чегó*

заложи́ть/заклáдывать оснóву [фундáмент] Grundlage schaffen
~ (для) пóдлинного народовлáстия, (для) высóкого урожáя

положи́ть/класть начáло *чемý*
Grundstein legen
~ коренны́м преобразовáниям в óбласти *чегó*; ~ нóвому подхóду к *чемý*, ~ решéнию проблéмы

положи́ть/класть конéц *чемý*
ein Ende setzen
~ агрéссии, ~ враждé, ~ попы́ткам *чегó*

обеспéчить/обеспéчивать sichern
~ безопáсность и мир, ~ прáво на *что*, ~ равнопрáвное разви́тие, ~ успéх рефóрм

отвечáть *uv.* entsprechen
~ в значи́тельной стéпени; ~ вполнé, ~ пóлностью; ~ задáчам *чегó*, ~ интерéсам *когó*, ~ потрéбностям *когó/чегó*

соотвéтствовать *uv.* entsprechen
↗ **отвечáть**

откры́ть/открывáть eröffnen
~ нóвые возмóжности, ~ нóвые перспекти́вы, ~ нóвые пути́, ~ нóвые рубежи́

позвóлить/позволя́ть
erlauben, gestatten
~ преодолéть кри́зис, ~ расши́рить контáкты, ~ эффекти́внее сотрýдничать

помóчь/помогáть helfen
~ завóду, ~ лю́дям, ~ странé; ~ в борьбé за *когó/что* [прóтив *когó/чегó*], ~ в рабóте, ~ строи́тельстве *чегó*; ~ найти́ что, ~ лýчше поня́ть *когó/что*, ~ развивáть *что*, ~ урегули́ровать *что*

привести́/приводи́ть führen
неизбéжно ~; ~ к углублéнию демокрáтии, ~ к усилéнию движéния за *когó/что* [прóтив *когó/чегó*], ~ к катастрóфе, ~ к конфронтáции

принести́/приноси́ть bringen
~ побéду, ~ пóльзу, ~ при́быль, ~ результáты, ~ успéх; ~ вред, ~ неудáчу, ~ ущéрб

(по)служи́ть dienen
в значи́тельной стéпени ~; ~ блáгу нарóдов, ~ интерéсам *когó*, ~ решéнию *чегó*, ~ улучшéнию *чегó*

соде́йствовать *uv.* fördern
в значи́тельной сте́пени ~, всеме́рно ~; ~ безопа́сности, ~ углубле́нию дове́рия, ~ ускоре́нию те́мпов разви́тия *чего́*

спосо́бствовать *uv.* fördern
в значи́тельной сте́пени ~, всеме́рно ~; ~ восстановле́нию равнопра́вия, ~ разви́тию эконо́мики, ~ ро́сту благосостоя́ния, ~ обостре́нию обстано́вки, ~ ухудше́нию положе́ния

нанести́/наноси́ть вред [уще́рб]
Schaden zufügen
~ де́лу ми́ра, ~ интере́сам *кого́*

(вос)препя́тствовать *чему́* (be)hindern
~ наро́дному движе́нию за *кого́/что* [про́тив *кого́/чего́*], ~ но́вому мышле́нию, ~ нормализа́ции отноше́ний

(по)меша́ть *чему́* stören, behindern
↗ **(вос)препя́тствовать**

(за)тормози́ть bremsen, aufhalten
~ возрожде́ние фаши́зма, ~ проце́сс обновле́ния, ~ перестро́йку, ~ ход собы́тий

2.7. Доказывание

192

доказа́ть/дока́зывать beweisen
дока́зывани|е Beweisführung
доказа́тельств|о Beweis
я́рк|ий klar
опрове́ргнуть/опроверга́ть widerlegen
опроверже́ни|е Widerlegung
по́лностью vollständig
бу́дто daß
свиде́тельствовать *uv.* zeugen
свиде́тельств|о Beweis, Beleg
подкрепи́ть/подкрепля́ть bekräftigen
подтверди́ть/подтвержда́ть bestätigen
подтвержде́ни|е Bestätigung
убеди́ть/убежда́ть überzeugen
убеди́тельн|ый überzeugend
вы́вод Schlußfolgerung
вы́текать *uv.* sich ergeben, folgen
напра́шиваться *uv.* sich aufdrängen
сле́довать *uv.* folgen
сле́довательно folglich
зна́чит also
выхо́дит es zeigt sich
получа́ется es ergibt sich
ста́ло быть demnach, folglich
я́сно klar

2.7.1. Сигнализация доказывания

193

1)			
Разреши́те Позво́льте Я хоте́л, -а бы Попро́бую Попыта́юсь Постара́юсь Мо́жно	доказа́ть э́то (утвержде́ние)	сле́дующими	аргуме́нтами. фа́ктами. приме́рами.

2)	Вот	доказа́тельство [-а]. приме́р, -ы [не́сколько приме́ров]. фа́кты [не́сколько фа́ктов].

Обрати́мся к фа́ктам.

2.7.2. Общие конструкции

194

1)	(Убеди́тельный, -ое) (Я́ркий, -ое)	приме́р доказа́тельство	(э́)тому́	*что.* то, тот факт,	что …

2)	(Убеди́- тельным) (Я́рким)	приме́ром доказа́тель- ством	(э́)тому́	явля́ется слу́жит мо́жет служи́ть	*что.* то, тот факт,	что …

3)	(Я́рким) свиде́- тельством Подтвержде́нием	э́того	явля́ется слу́жит мо́жет служи́ть	*что.* то, тот факт,	что …

4)	*Что* Э́тот факт Э́тот приме́р (Всё) э́то	убеди́тельное я́ркое	доказа́тельство		*чего́.* того́, тому́,	что …
		явля́ется слу́жит мо́жет служи́ть	(убеди́тельным) (я́рким)	доказа́тель- ством		

5)	Э́ти	фа́кты приме́ры собы́тия докуме́нты слова́	дока́зывают пока́зывают подтвержда́ют подкрепля́ют демонстри́руют	*что.* , что …
			свиде́тельствуют говоря́т	о *чём.* о том, что …
			убежда́ют в том, что …	

6)	*Что* (Всё) это	(легко́) (по́лностью)	опроверга́ет	мне́ние то́чку зре́ния утвержде́ние ве́рсию информа́цию измышле́ния слу́хи	, бу́дто …

7)

Э́то	мне́ние утвержде́ние	(легко́) (по́лностью)	опроверга́ется, -ются	*чем.* тем, тем фа́ктом, что ...
Э́та	то́чка зре́ния ве́рсия информа́ция			
Э́ти	измышле́ния слу́хи			

8)

Из (всего́) э́того Отсю́да	мо́жно сде́лать вы́вод сле́дует (вы́вод) вытека́ет (вы́вод) я́сно	, что ...

2.7.3. Сигнализация и расположение аргументов

Наприме́р, [напр.], ... Zum Beispiel [z. B.]
К приме́ру, ... Zum Beispiel
Во-пе́рвых, ... Erstens ...
Во-вторы́х, ... Zweitens ...
В-тре́тьих, ... Drittens ...
Да́лее, ... Weiter ...
И́ли, ... Oder ...
Кро́ме того́, ... Außerdem ...
Ма́ло того́, ... Außerdem ...
Бо́лее того́, ... Außerdem ...
Ме́жду про́чим, ... Unter anderem
Впро́чем, ... Übrigens ...
Кста́ти сказа́ть, ... Nebenbei gesagt ...
Кста́ти говоря́, ... Nebenbei gesagt ...
..., начина́я с *чего́* и конча́я *чем.*
..., von ..., bis hin zu ...

2.7.4. Выражение очевидности и вескости аргументов

196

(Обще)изве́стно, что ...
Es ist (allgemein) bekannt, daß ...
Броса́ется в глаза́, что ...
Es fällt auf, daß ...
Не секре́т, что ...
Es ist kein Geheimnis, daß ...
Обраща́ет на себя́ внима́ние, что ...
Es fällt auf, daß ...
Нет ничего́ удиви́тельного, что ...
Es ist nicht verwunderlich, daß ...
Не случа́йно, что ...
Es ist nicht zufällig, daß ...
Никто́ не оспа́ривает того́ фа́кта, что ...
Niemand bestreitet die Tatsache, daß ...
Характе́рно, что ...
Es ist bezeichnend, daß ...
Показа́тельно, что ...
Es ist bezeichnend, daß ...
Примеча́тельно, что ...
Es ist bemerkenswert, daß ...
Не удиви́тельно, что ...
Es ist nicht verwunderlich, daß ..
Э́ти фа́кты говоря́т са́ми за себя́.
Diese Fakten sprechen für sich selbst.
..., в ча́стности, ...
..., insbesondere ...
Коммента́рии изли́шни.
Kommentar überflüssig.

2.8. Стандартные задания

2.8.1. Стандартные задания на репродукцию текстов

197

а) Прочитайте [Прослушайте] информационное сообщение. Опустите те части текста (абзацы, предложения, группы слов, слова), которые, по-вашему, содержат второстепенную информацию (не передают главного содержания).
Напишите сокращённый вариант текста.

б) Прочитайте [Прослушайте] информационное сообщение.
Подготовьте сообщение-пересказ.
Возможный план:
1. Название темы ↗ 134, 135
2. Указание источника ↗ 150, 151
3. Передача содержания исходного текста ↗ 152–155
4. Заключение ↗ 140, 141

К отдельным пунктам плана запишите ключевые слова и словосочетания – имена, цифры, даты, обороты речи ...

в) Найдите в свежих газетах несколько интересных, по вашему мнению, новостей. Передайте их основное содержание. Возможный план ↗ задание б). Используйте также лексику для продолжения текста и для перехода к новой мысли ↗ 138, 139.

г) Прослушайте одну радиопередачу »После́дние изве́стия« или одну телепередачу »Но́вости« [»Вре́мя«]. Перескажите её главную информацию. Возможный план ↗ задание б). Используйте также лексику для продолжения текста и для перехода к новой мысли ↗ 138, 139.

д) Сделайте обзор газеты [нескольких выпусков информационных радио- или телепередач].
Выберите заметки и сообщения, которые могли бы представить интерес для ваших однокурсников [одноклассников]. Возможный план ↗ задание б).
Используйте также лексику для перехода к новой мысли ↗ 138, 139 и для обращения к слушателям [читателям] ↗ 142–149.

2.8.2. Стандартные задания на продукцию текстов

198

а) Найдите в советских средствах массовой информации
- сообщения о встречах, митингах и манифестациях,
- сообщения об опросах общественного мнения,
- обзоры зарубежной прессы,
- письма читателей.

Выпишите из высказываний языковые средства
   а) выражения мнения,
   б) обоснования мнения,
   в) доказывания.

б) Проанализируйте
   а) ряд выступлений на митингах или на конференциях,
   б) ряд писем читателей

   с точки зрения наличия и последовательности речевых действий сообщения, реферирования, выражения мнения, обоснования мнения и доказательства.
   Можно ли говорить о типичных последовательностях этих речевых действий в выступлениях на митингах и письмах читателей?
   Приведите, если возможно, типичные примеры.

в) Прочитайте и/или прослушайте заметки, сообщения, обзоры печати. Изложите их основное содержание, выразите и обоснуйте своё мнение о событиях и проблемах; приведите доказательства. Предлагаемый коммуникативный план:
   1. Название темы, начало выступления ↗ 134–137
   2. Указание источника (-ов) ↗ 150, 151
   3. Краткое изложение содержания исходных текстов ↗ 152–155
   4. Выражение ↗ 156–187 и обоснование ↗ 188–191 мнения; доказательства ↗ 192–196
   5. Заключение выступления ↗ 140, 141

   Ко всем пунктам плана запишите опорные языковые средства. Используйте также средства для перехода к новой мысли ↗ 138, 139 и для обращения к слушателям ↗ 142–149.

г) Прослушайте выпуск [несколько выпусков] передачи новостей. Передайте главную информацию и выскажите ваше мнение о событиях и проблемах. Мотивируйте свою точку зрения. Предлагаемый коммуникативный план ↗ задание в).

д) Прослушайте выпуск радиопередачи »Послéдние извéстия«, после этого, в тот же день – выпуск телепередачи »Нóвости« [»Врéмя«]. На другой день прочитайте в прессе сообщения об этих же событиях.
   Перескажите содержание сообщений, выскажите и аргументируйте своё мнение. Предлагаемый коммуникативный план ↗ задание в).

е) На основе информационного материала советских средств массовой информации подготовьте доклад [сделайте сообщение] на тему ... . Возможный коммуникативный план ↗ задание в).

ж) Напишите »письмо в редакцию«, в котором вы излагаете и аргументируете свою позицию по волнующему вас событию, о котором вы узнали из средств массовой информации.

з) Какие события на прошлой неделе [в прошлом месяце, в прошлом году] вы считаете самыми важными? Почему?

и) Подготовьтесь к дискуссии по какому-нибудь значительному событию. Используйте свежие материалы прессы, радио и телевидения, а также языковые средства, данные в этом пособии.

3. Приложение

Алфавитный список заглавных лексем

автоматизированный 89
автор 93
агентство 1
актёр 94
актриса 94
акция 66
ансамбль 96
апартеид 33
аплодировать 106
аплодисменты 47, 106
аренда 75
арендатор 72
арендный 75
арендовать 75
артист 94
артистка 94
ассамблея 25, 46

балл 124
баллотироваться 61
барьерист, -ка 115
баскетбол 118
баскетболист, -ка 118
бастовать 66
бег 115
бегун, бегунья 115
бедность 78
бежать 115
бездомность 78
безопасность 35
безответственый 170
безработица 78
безработный 78
безразличный 186
без сомнения 162
безусловно 162, 178
бережливость 75
беседа 54
беседовать 54
беспокоить 182
беспокоиться 174
беспокойство 174, 182
бесправие 31
бесспорно 162
бесхозяйственность 34

бизнес 75
бизнесмен 72
благо 76
благодарить 43, 140
благодарность 43, 174
благодарный 174
благосостояние 76
благотворительность 32
бокс 116
боксёр 116
более того 195
борец 116
бороться 28, 116
борьба 28, 116
бояться 182
брать высоту 115
браться 186
брифинг 55
Бросается в глаза, что ... 196
бросать 115, 118
бросить 115, 118
бросок 115
будто 192
бюро 25

важный 168
ввести в действие
[в эксплуатацию] 87
ввод в действие
[в эксплуатацию] 87
вводить в действие
[в эксплуатацию] 87
вдуматься 142
вдумываться 142
ведомство 25
ведь 188
великий 168
велосипедист, -ка 117
велосипедный спорт 117
вернисаж 99
верно 178
вернуться 142
вероятно 160
ветер 128
веха 169

взаимопонимание 32
в заключение 154
взволновать 182
взволноваться 174
взгляд 156
взяточничество 34
взять высоту 115
взяться 186
видимо 160
визит 50
вклад 169
вкладка 1
владелец 72
влажность 128
власти 25
вмешательство 38, 171
вначале 136
внедрение 89
внедрить 89
внедрять 89
внести вклад 191
вносить вклад 191
во-вторых 195
во главе 50
возвратиться 50
возвращаться 50, 142
возвращение 50
возглавлять 50
воздержаться 186
воздерживаться 186
воздух 130
возлагать венок 58
возложение венка 58
возложить венок 58
возможно 160
возмутить 182
возмутиться 182
возмущать 182
возмущаться 182
возмущение 182
возобновить 15
возобновиться 15
возобновление 15
возобновлять 15
возобновляться 15

возражать 42, 184
возражение 42
возразить 42, 184
возрастать 83
возрасти 83
война 38
волейбол 118
волейболист, -ка 118
волновать 182
волноваться 174
волокита 34
вооружение 38
вооружения 38
во-первых 195
в основном 178
воспрепятствовать 191
восторг 174
восторгаться 174
восхититься 174
восхищаться 174
восхищение 174
вот почему 188
в первую очередь 164
впечатление 156
впечатляющий 168
вполне [полностью] 178
впрочем 195
в-пятых 195
вражда 38
враждебный 170
вредный 170
временами 130
вручать 54, 112
вручение 54, 112
вручить 54, 112
вряд ли 184
в самом деле 178
в соответствии 10
в сопровождении 51
вспоминать 146
вспомнить 146
встревожить 182
встревожиться 174
встретиться 54, 58
встреча 50, 54, 58
встречавшие 22
встречать 50
встречаться 54, 58
вступать в строй 87
вступить в строй 87
всякий 162
в-третьих 195
входить в состав 50
в частности 196
в честь 10
в-четвёртых 195
выборы 61
вывод 192
выдающийся 168
выдвигать 61
выдвижение 61
выдвинуть 61
вызвать 101, 174, 182
вызывать 101, 174, 182
выиграть 123
выигрывать 123
выполнить 117
выполнять 117
выпуск 1, 81, 150, 154
выпускать 81
выпустить 81
выражать 41, 156
выражение мнения 186
выразить 41, 156
вырасти 83
высказать 156, 186
высказаться 41, 156, 172, 180, 186
высказывание 158
высказывать 156, 186
высказываться 41, 156, 172, 180, 186
высоко 166
выставить 61, 99
выставка 99
выставлять 61, 99
выставочный 8, 99
выступать 28, 40, 66, 104, 117, 172, 180
выступающий 23
выступить 28, 40, 66, 104, 117, 172, 180
выступление 28, 40, 104, 134, 150
выступления 66
вытекать 192
выходит 192

газета 1
галерея 99
гандбол 118
гандболист, -ка 118
гастроли 106
гастролировать 106
геноцид 33
гибель 68
гимнаст, -ка 117
гимнастика 117
глава 21
главный 152
главным образом 164
гласность 32
глубокий 162
гнев 182
гневный 180
голодовка 66
гололёд 130
голос 61, 172, 180
голосование 61
голосовать 61
гонка 121
гордиться 174
гордость 174
горячий 172
господин 22
госпожа 22
гостиная 8
гость 22
гостья 22
готовить 110
град 129
градус 130
грамота 54
гроза 128
гроссмейстер 117
группа 96

да 67
давать импульс 191
давление 128
Далее, ... 195
дать импульс 191
движение 24, 66
дворец 8
действительно 178
действия 66
делегат 20
делегация 22
делиться 156
демократизация 31
демонстрация 66
депутат 20
десятиборец 115
десятиборье 115
децентрализация 75
деятель 20, 92
директор 72
дирижёр 95
дни 109
добавить 41, 146
добавлять 41, 146
добиваться 28, 83
добиться 83
доброжелательность 32
добрососедство 35
доброта 32
добрый 168
добывать 81
добыть 81
добыча 81
доверие 32

доволен 174
договариваться 55
договор 55
договорённость 10, 55
договориться 55
дождливый 129
дождь 129
доказательство 192
доказать 146, 192
доказывание 192
доказывать 146, 192
доклад 40, 134, 150
докладчик 23
докладывать 40
должно быть 160
доложить 40
долой 67
драматург 93
дружба 32
думать 158
душа 172

едва ли 184
единодушный 148, 172, 180
единство 148
естественно 162

жаль [жалко] 182
жара 130
жаркий 130
желание 176
желательно 176
желать 43
жестокий 170
живопись 100
жилищный 77
жилой 77
жители 19
журнал 1
жюри 97

за 67
забастовать 66
забастовка 66
забег 115
забивать 118
забить 118
забывать 164
забыть 164
завершать 16
завершаться 16
завершение 16
завершить 16
завершиться 16
зависимость 78
завод 71
завоевать 62, 123
завоёвывать 62, 123
заговор 171
заготовка 82
загрязнение 79
загрязнённость 79
заинтересованность 75
заканчивать 16, 140
заканчиваться 16
закладывать основу [фундамент] 191
заключать 55
заключение 55, 140
заключить 55
законность 31
закончить 16, 140
закончиться 16
закрывать 16
закрывать глаза 164
закрываться 16
закрытие 16
закрыть 16
закрыть глаза 164
закрыться 16
заложить основу [фундамент] 191
заместитель 21
заметка 2, 150, 154
замечание 146, 156
заморозки 130
занимать 123
занять 123
запись 58
запрет 33
запрещение 37
запрос 47
зарплата 77
заседание 46
заслуживать 112, 166
заслужить 112
заслушать 47
заслушивать 47
застой 78
затем 154
затормозить 191
затрагивать 3, 41
затронуть 3, 41
захват 33
зачёт 124
защита 79, 172
защищённость 76
заявить 40
заявление 40
заявлять 40
звание 111
звучать 104
зимний спорт 119
злоупотребление 34
знакомить 101
знакомиться 58, 101
знакомство 58
знаменательный 168
значит 192
зритель 97

игра 121
играть 123
играть роль 191
игрок 120
игры 121
избиратели 61
избирательный 61
избирать 47, 61
избрание 47
избрать 47, 61
известие 2
известно 160
известно, что … 196
изготовить 81
изготовление 81
изготовлять 81
издание 100
излагать 152, 156
изложить 152, 156
измена 171
изменение 29
изобразительный 100
Или, … 195
имение 71
иметь значение 191
иначе 184
иной 184
инсценировка 105
интервью 55
информация 2
информировать 2
искренний 172
искусство 100
исполком 26
исполнение 104
исполнитель 92
исполнить 104
исполнять 104
использование 88
использовать 88, 150
испытание 38
испытать 174, 182
испытывать 174, 182
источник 150
исход выборов 62
итоги 62

казаться 160
кампания 66, 71
кандидат 20

касаться 41, 154
каток 119
качество 81
кинодокументалист 94
класть конец 191
класть начало 191
клеветнический 170
ключевой 168
количество 81
колхоз 71
команда 120
комиссия 25
комитет 25
Комментарии излишни. 196
компания 71
композитор 95
компьютер 89
конверсия 75
конечно 144, 148, 162, 178
конкурентоспособный 75
конкуренция 75
конкурировать 75
конкурс 109
концерн 71
концерт 104
концертный 104
коньки 119
конькобежец, конькобежка 119
конькобежный спорт 119
кооператив 71
кооператор 72
королева 21
король 21
коротко 152
корреспондент 1
кортеж 51
коснуться 41, 154
к примеру 195
краеугольный камень 169
Кроме того, … 195
круги 19
Кстати говоря, … 195
Кстати сказать, … 195
культура 100
культурный 100

лауреат 111
лёгкая атлетика 115
лидер 21
личный 156, 166
ложный 170
лозунг 67
лыжи 119
лыжник, лыжница 119
лыжный 119
любитель 97
любоваться 101
люди 19

маловероятно 184
мало того 195
манипуляция 63
манифестация 66
марш 66
мастер 92
мастерская 8, 71
мастерство 106
материалы 1
матч 121
между прочим 195
менеджер 72
местами 130
месячник 109
метание 115
метатель, -ница 115
метать 115
метель 128
метнуть 115
мешать 191
милосердие 32
министерство 26
министр 21
мир 35
митинг 66
мнение 156
многообразие 31
модернизация 88
модернизировать 88
может быть 160
мороз 130
музей 99
музыка 104
музыкальный 104
музыкант 95
мысль 138, 146
мэр 21

набирать 62
набрать 62
наверно 144, 148, 160
награда 112
наградить 112
награждать 112
надеяться 176
назвать 166
назначать 47
назначение 47
назначить 47
называть 166
накануне 6
нанести визит 58
нанести вред [ущерб] 191
наносить визит 58
наносить вред [ущерб] 191
нападение 38
напечатать 1, 150
напоминать 41
напомнить 41
напрашиваться 192
например [напр.] 195
напряжённость 38
наращивание 38
наркомания 78
народ 19
народовластие 31
нарушать 63
нарушение 33, 63, 171
нарушить 63
население 19
насилие 33
насколько 160
наследие 100
находить 158, 166
начало 14
начальник 72
начать 14
начаться 14
начинать 14
начинаться 14
…, начиная с *чего* и кончая *чем* 195
неверно 184
невмешательство 35
невозможно 164, 184
негодование 182
негодовать 182
неделя 109
недоволен 182
недовольство 182
недоедание 78
недружелюбный 170
недружественный 170
независимость 35
незаконность 31
не лучше ли 176
нельзя 164, 184
нельзя не 178
необдуманный 170
необходимо 176
неоценимый 168
неправильный 170
неприкосновенность 35
неразумный 170
нерушимость 35
Не секрет, что … 196
не следует 164
Не случайно, что … 196
несогласие 184
несомненно 162
нет 67

Нет ничего удивительного, что … 196
неудача 62, 171
Не удивительно, что … 196
Никто не оспаривает того факта, что 196
ничья 124
нищета 78
новое мышление 29
новости 2
нравиться 174

обед [завтрак, ужин] 54
обеспечение 74
обеспечивать 191
обеспечить 191
обеспокоить 182
обеспокоиться 174
обзор 2, 150, 154
обзор печати 134
облачность 128
облачный 128
облегчение 74, 174
обман 171
обмен 36, 54
обмениваться 54
обменяться 54
обновление 29
обобщать 142
обобщить 142
обозреватель 1
обозрение 2
обойти 51
оборудование 89
обоснование 188
обосновать 188
обосновывать 188
обострение 38
обрадоваться 174
образец 169
образцовый 168
обратить внимание 3, 41, 164
обратиться 40, 138
Обращает на себя внимание, что … 196
обращать внимание 3, 41, 164
обращаться 40, 138
обращение 40
обсудить 47
обсуждать 47
обсуждение 47
обходить 51
(Обще)известно, что … 196
общественность 19
общество 24
община 24
объединение 24
объявить 40
объявление 40
объявлять 40
ограничение 37
одержать победу 123
одерживать победу 123
одобрение 42
одобрить 42, 172
одобрять 42, 172
ожидаться 127
озабочен 182
озабоченность 182
оздоровление 36
ознакомить 101
ознакомиться 58
оказать влияние 191
оказывать влияние 191
окончание 16
окружающая среда 79
олимпиада 121
опасаться 182
опасение 182
опасность 38, 171
опасный 170
оператор 94
определённость 162
определённый 186
опровергать 192
опровергнуть 192
опровержение 192
опротестовать 63
опротестовывать 63
опубликовать 1, 150
оратор 23
орган 25
организатор 21, 92
организация 24
оркестр 96
осадки 129
осваивать 88
освоение 88
освоить 88
ослабеть 127
ослабление 37
осложнение 38
осматривать 58
осмотр 58
осмотреть 58
основание 162
основной 152
особенно 164
особо 164
оспаривание 63
оспаривать 63
оспорить 63
оставаться 140
оставить без внимания 164
оставлять без внимания 164
останавливаться 41, 142
остановиться 41, 142
остаться 140
осудить 42, 180
осуждать 42, 180
осуждение 42
осуществление 30
отбывать 50
отбытие 50
отбыть 50
отвергать 42, 180
отвергнуть 42, 180
ответственный 168
отвечать 191
отвращение 182
отдавать дань 58
отдавать рапорт 51
отдать дань 58
отдать рапорт 51
отдел 25
отказ 37, 186
отклонить 42, 180
отклонять 42, 180
открывать 14, 191
открывать огонь 68
открываться 14
открытие 14, 99
открытость 32
открыть 14, 191
открыть огонь 68
открыться 14
отметить 3, 41, 112, 164
отмечать 3, 41, 112, 164
отнестись 172, 180
относиться 166, 172, 180
отношение 156
отражать 101
отразить 101
отремонтировать 88
отрицательно 166
отрицательный 170, 180, 182
отрицать 164
отсталость 78
отчасти 178
отчёт 40
отчитаться 40
отчитываться 40
охарактеризовать 166
охрана 79
оценивать 42, 166
оценить 42, 166
оценка 42, 156
очевидно 160
очистное оборудование 79
очко 124
очковтирательство 34

ошибаться 160
ошибиться 160
ошибка 171

палата 8, 26
памятник 100
папа 21
парламент 26
партия 24
певец 95
певица 95
пенсионный 77
пенсия 77
первенство 121
переворот 29
переворотный пункт 169
переговоры 55
передавать 1, 43, 54, 110, 152
передать 1, 43, 54, 110, 152
передача 1
передача содержания 154
пережиток 171
перейти 138
перелом 29
переломный пункт [момент] 169
перемена 29
перепрыгивать 115
перепрыгнуть 115
пересказать 152
пересказывать 152
перестройка 29
переходить 138
печатать 1, 150
печать 1
писатель 93
писательница 93
плавание 117
пленум 46
пловец, пловчиха 117
плодотворный 168
победа 62, 169
победитель, -ница 123
победить 112, 123
побеждать 112, 123
поблагодарить 43, 140
побывать 58
повестка дня 46
по-видимому 160
поворот 29
поворотный пункт 169
повторить 164
повторять 164
повыситься 83, 127
повышаться 83
повышение 74, 127
погибать 68
погибнуть 68
погода 127
подвергать критике 42
подвергнуть критике 42
подвести итоги 142
подводить итоги 142
подготовить 110
поддержать 42, 172, 178
поддерживать 42, 172, 178
поддержка 36, 42
поделиться 156
подкрепить 192
подкреплять 192
поднимать 172, 180
поднять 172, 180
подписание 55
подписать 55
подписывать 55
подробно 152
подряд 75
подрядный 75
подтвердить 41, 192
подтверждать 41, 192
подтверждение 192
подчёркивать 3, 41, 164
подчеркнуть 3, 41, 164
поездка 58
пожалуй 160
пожелание 43
пожелать 43
позволить 136, 152, 156, 191
позволять 136, 152, 156, 191
поздравить 43
поздравление 43
поздравлять 43
позиция 156
познакомить 101
познакомиться 101
позор 67
Показательно, что ... 196
показать 110, 119
показуха 34
показывать 110, 119
полагать 158
полезно 176
полезный 168
Политбюро 26
полностью 178, 192
полный 172
половина 122
половина дня 6
положительно 166
положительный 168, 172, 174
положить конец 191
положить начало 191
получается 192
получать 62
получить 62
полюбоваться 101
поместить 1, 150
помешать 191
помещать 1, 150
помнить 144
помогать 191
помочь 191
помощь 36
понизиться 127
понижение 127
понравиться 174
по области 130
по поводу 10, 156
по поручению 46
попрание 33, 171
попытаться 142
поражение 62, 171
порядок дня 46
порядок работы 46
посвятить 10, 41, 101, 154
посвящать 10, 41, 101, 154
посвящённый 101
посев 82
посетитель 97
посетить 58
посещать 58
посещение 58
посеять 82
поскольку 188
послание 40
послать 40
последний 140
послужить 191
по случаю 10
пособие 77
посол 21
посольство 26
поставить 84, 105
поставка 84
поставлять 84
постановить 47
постановка 105
постановление 47
постановлять 47
постепенный 127
построить 87
посылать 40
потерпеть поражение 123
потеря 62
потерять 62
потому что 188
потому, что 188
потребовать 42
потрясать 182
потрясение 182
потрясти 182

похищение 33
поход 66
похоже 160
похолодание 130
почему бы и не 176
почётный караул 51
почтить память 58
поэт 93
поэтесса 93
по этой причине 188
поэтому 188
по этому поводу 186
правдивость 32
правильный 168
правительство 26
правление 25
право 31
правопорядок 31
правосудие 31
правый 178
пребывание 58
предвыборный 61
предложение 176
предоставить слово 47
предоставлять слово 47
предотвращение 37
предполагать 160
предположить 160
предприимчивость 75
предприниматель 72
предпринимательство 75
предприятие 8, 71
председатель 21, 72
председательство 46
председательствовать 46
представитель 20
представительство 26
представить 101
представлять 101, 166
представляться 160
предусматривать 110
предусмотреть 110
прежде всего 136, 152, 164
прежде чем 140
президент 21
преимущественно 127
прекратиться 127
прекращение 37, 74
премия 111
премьера 105
премьер-министр 21
прения 47
преобладание 127
преобладать 127
преобразование 29, 74
преодолевать 117
преодоление 29, 74
преодолеть 117
препятствие 171
препятствовать 191
преследование 33
пресс-конференция 55
преступление 171
преступность 78
претворение в жизнь 30
претендовать 61
преувеличение 162
прибывать 50
прибыль 75
прибытие 50
прибыть 50
привести 191
приветствие 54
приветствовать 42, 54, 172
приводить 191
приглашение 10, 142
придавать импульс 191
придать импульс 191
придерживаться 158, 178
приём 54
приз 111
призвать 40
признавать 62, 164
признание 36
признать 62, 164
признательность 174
призыв 40
призывать 40
применение 68, 87
применить 68, 87
применять 68, 87
пример 169
Примечательно, что … 196
принести 191
принимать 47, 54
принимать меры 68
принимать участие 17
приносить 191
принятие 47
принять 47, 54
принять меры 68
принять участие 17
присваивать 112
присвоение 112
присвоить 112
присоединиться 178
присоединяться 178
присудить 112
присуждать 112
присуждение 112
присутствовать 17
приукрашивание (действительности) 34
пробегать 115, 119
пробежать 115, 119
пробный камень 169
провал 171
проведение 13
провести 13
проводить 13
проводы 50
провожавшие 22
провожать 50
прогноз 127
проголосовать 61
продавать 84
продажа 84
продать 84
продолжать 15, 41, 142
продолжаться 15
продолжение 15, 138
продолжить 15, 142
проезжать 117
проехать 117
прозвучать 104
проиграть 123
проигрывать 123
произвести 81
производитель 72
производить 81
производство 81
произвол 33
проинформировать 2
пройти 13, 115, 119, 164
промысел 100
проплывать 117
проплыть 117
противник 120
противоположный 184
противостояние 38
прохладный 130
проходить 13, 115, 119, 164
прохождение 51
процент 83
прыгать 115, 117
прыгнуть 115, 117
прыгун, прыгунья 115
прыгун с трамплина 119
прыжки в воду 117
прыжок 115
пытаться 142
публиковать 1, 150
пуск 87
пускать 87
пустить 87
пятиборка 115
пятиборье 115
пятилетие 6

работник 20, 72
работница 72

рабочий 72
равенство 31
равноправие 35
радио 1
радиостанция 1
радоваться 174
радость 174
разбираться 186
развёртывание 30, 38
развитие 36, 74
разгон 68
разгонять 68
разделить 178
разделять 178
размещение 38
размышление 142
разобраться 186
разогнать 68
разоружение 37
разочарование 182
разочаровать 182
разочароваться 182
разочаровывать 182
разочаровываться 182
разрешать 136, 152, 156
разрешить 136, 152, 156
разрядка 37
разум 172
разумеется 144, 148, 162
разумный 168
ранение 68
раненый 68
ранить 68
расписаться 58
расписываться 58
расправа 68
расправиться 68
расправляться 68
распространить 1
распространять 1
рассматривать 3, 47, 166
рассмотрение 47
рассмотреть 3, 47
расти 83
расценивать 166
расценить 166
расширение 36
режиссёр 94
резкий 180
результаты выборов 62
реконструировать 88
реконструкция 88
рекорд 124
рекордсмен, -ка 124
ремонт 88
ремонтировать 88
рентабельность 75
реформа 29, 75
речь 40
решать 47
решение 37, 47, 74
решительный 180
решить 47
робот 89
розыгрыш 121
рубль 83
рубрика 1
руки прочь 67
руководитель 21
рукопись 100
рукопожатие 54
рынок 75
рыночная экономика 75

салон 71
самоопределение 35
(само собой) разумеется 162
самостоятельность 75
самоуправление 31
самоуспокоенность 34
самофинансирование 75
сближение 36
сборная 120
свёртывание 37
свидетельство 192
свидетельствовать 192
свобода 31
сдавать 84
сдать 84
сдвиг 169
секретарь 21
сердце 172
сессия 46
сеять 82
складываться 158, 186
следование 51
следовательно 192
следовать 51, 192
сложиться 158, 186
служить 191
смотр 109
снабжение 74
сначала, вначале 136
снег 129
снегопад 129
снижаться 83
снижение 37, 74
снизиться 83
сниматься 105
собеседник 23, 144
собирать 62, 82
соблюдение 30
собрание 46
собрать 62, 82
собственность 75
собственный 186
событие 13, 134
совершенно 162, 178
совершенствовать 88
совет 26
советник 20
совещание 46
совпадать 148
совпасть 148
совхоз 71
согласие 35, 55
согласиться 55, 146, 148, 178
согласовать 55
соглашаться 55, 146, 148, 178
соглашение 55
содействовать 191
содержание 152
содержать 154
содружество 24
сожаление 182
сожалеть 182
созвать 46
создаваться 158
создание 36
создатель 92
создаться 158
созыв 46
созывать 46
сойтись 148
сокращение 37, 74
солист 95
солистка 95
солнечный 130
солнце 130
сомнительно 184
соображение 156
сообщать 2, 40
сообщение 2, 40, 134, 150, 154
сообщество 19
сообщить 2, 40
соответствовать 191
соперник 120
соперница 120
сопоставить 142
сопоставлять 142
сопровождать 58
сопровождающие лица 22
сопровождение 58
соревнование 121
составить 83
составлять 83
состояться 13
сострадание 32
состязание 121
сотрудник 20

сотрудничество 36
сохранение 36, 79
социальный 76
сочувствие 174
сочувствовать 174
союз 24
специалист 72
список 61
спортсмен, -ка 120
способствовать 191
справедливость 32
справедливый 168
средства массовой
информации 1
ссылка 150
ставить 105
стало быть 192
стоить 176
столкновения 68
сторона 23
страхование 77
строительство 30
строить 87
стройка 71
судить 146, 186
судья 120
судя 160
супруга 22
существенный 168
сходиться 148
сценарий 105
сценарист 93
сценаристка 93
счёт 124
считать 158, 166
съезд 26, 46
съёмка 105
съёмочный 105
сыграть 123
сыграть роль 191

тайм 122
так как 188
талант 106
талантливый 106
твёрдо 162
творческий 100
творчество 100
театр 96
телевидение 1
телепередача 150
телетайп 1
телетайпный 1
температура 130
теннис 118
теннисист, -ка 118
тепло 130
тёплый 130
терпеть поражение 123
терпимость 32
терять 62
технология 89
титул 111
товарищество 71
толкание ядра 115
толкатель, -ница ядра 115
толкать 115
толкнуть 115
толпа 19
тонна 83
торговля 75
тормозить 191
тост 54
точка зрения 156
точно 160
традиционный 109
традиция 109
требование 42
требовать 42
тревога 174, 182
тревожить 182
тревожиться за 174
тренер 120
труд 81
трудящиеся 72
туман 128
тунеядство 34
тур 122
турнир 121

убедительный 192
убедить 192
убедиться 162
убеждать 192
убеждаться 162
убивать 68
убийство 68
убирать 82
убить 68
уборка 82
убрать 82
уважать 174
уважение 32, 174
увеличение 62, 74
увеличивать 62
увеличиваться 62, 83
увеличить 62
увеличиться 62, 83
уверенность 76, 162
увольнение 78
углубление 36
угнетение 33
угон 33
угроза 38, 171
уделить внимание 41, 164
уделять внимание 41, 164
удобное время 6
удовлетворение 74, 174
удовлетворить 174
удовлетворять 174
удостаивать 112, 124
удостоить 112, 124
указать 3, 41
указывать 3, 41
укрепление 36
улучшение 76
уменьшаться 83
уменьшение 37, 74
уменьшиться 83
уничтожение 37
упрочение 36
упускать из виду 164
упустить из виду 164
урегулирование 37
урожай 82
усиление 30
ускорение 30, 74
усовершенствование 88
усовершенствовать 88
успех 62, 106, 169
устанавливать 87
установить 87
установка 87
утвердить 47, 162
утверждать 47, 162
утверждение 47
уточнить 146
уточнять 146
ухудшение 78
участвовать 17
участник 20
учёт 144
учреждение 25

фабрика 71
фальсификация 63
фальсифицировать 63
ферма 71
фестиваль 109
фестивальный 109
фехтовальщик, -щица 116
фехтование 116
фехтовать 116
фигурист, -ка 119
фигурное катание 119
филармония 96
фильм 105
финал 122
фирма 71
фонд 24

футбол 118
футболист, -ка 118

характеризовать 166
Характерно, что … 196
ходок [скороход] 115
ходьба 115
хозяйство 8, 71
хоккеист, -ка 118
хоккей 118
холод 130
холодный 130
художник 92
художница 92

целевой 150
ценить 174
ценность 100
центнер 83
Центральный Комитет 26
церковь 24
цех 8, 71

частично 178
чемпион, -ка 124
чемпионат 121
чистота 79
читатель 97
член 20
чрезвычайное положение 68
чтить память 58
чувство 174, 182
чуткость 32

шаг 169
шаг назад 171
шахматист, -ка 117
шахматы 117
шахта 8, 71
шоу 104

экологический 79
экология 79
экономия 75
экран 105
экранизация 105
экспозиция 99
экспонат 99
экспонировать 99
электронно-вычислительный 89
электронный 89
этап 122
Эти факты говорят сами за себя. 196

юбилейный 109

являться 166
яркий 192
ясно 162, 192